顾锦妍 著

终于等到你，
还好
我没有放弃

民主与建设出版社

图书在版编目（CIP）数据

终于等到你，还好我没有放弃 / 顾锦妍著. -- 北京：

民主与建设出版社, 2015.6

ISBN 978-7-5139-0686-9

Ⅰ.①终⋯ Ⅱ.①顾⋯ Ⅲ.①女性－爱情－通俗读物

Ⅳ.①C913.1-49

中国版本图书馆CIP数据核字(2015)第132468号

出 版 人：许久文
责任编辑：刘　芳
整体设计：荆棘设计
出版发行：民主与建设出版社有限责任公司
电　　话：(010)59419778　　59417745
社　　址：北京市朝阳区阜通东大街融科望京中心B座601室
邮　　编：100102
印　　刷：北京彩虹伟业印刷有限公司
版　　次：2015年9月第1版　2015年9月第1次印刷
开　　本：32
印　　张：9
书　　号：ISBN 978-7-5139-0686-9
定　　价：32.80元

注：如有印、装质量问题，请与出版社联系。

等 待，
并 不 可 怕，
可 怕 的 是 不 知 道 何 时 是 尽 头

TO_

只愿
在薄情的世界里，
深情地活着

For my love
终于等到你

**有的是时间，
遇见更好的人**

2007 到 2013 年，我都是独身一人。

女孩子嘛，过了晚婚年龄却没有找着婆家，总会有些人忙不迭地出现来给你，或者你爹妈添堵。

2011 年的除夕夜，我爹坐下来和我好好地聊了一回，他说，我听。中心思想是，和一个你觉得可以让你信任的人一起组成家庭，是和恋爱并不一样的一件事，这中间有更多的烦恼，也有更大的责任，需要你有完善的自我，更需要你有宽和的心界、眼界。我爹妈衷心希望我能遇到一个我想与之共同领略人生的人，但如果遇不到，也不要为了压力而放弃自己。如果遇到了，却发现错了，也不要为了怕所谓人言一味隐忍而放弃自己。

仗着家人的放纵，我有恃无恐，在旁人不断"剩女"加持的视线中开始肆意地过起了内心满足、自我充盈的日子，认真写稿，快乐旅行，按照"如果一个人生活下去应该有的必须配置"来一点一点地准备好房子、保险、兴趣、爱好、养活自己的技能，和任何节日自己一个人过也并不惶恐自怜的心态。

我认识很多姑娘，每每被来自于父母的压力逼得喘不过气，被"为你好"这三个字压在关切的五行山下，心里也被套上了紧箍咒。所以我总感觉我很幸运，因为家庭一旦不给压力，就已经是莫大的支持。

这种支持，让我能够从容。这般从容，是让我越来越心安的基础。

偶尔也看偶像剧，也曾被灰姑娘终遇替她砍掉满途荆棘的温柔帅气多金男，并与之走上红毯的剧情而勾引得心动神驰。但关掉播放器，真实的世界里，我明白，我不需要王子，也不需要骑士。

我知道在浩瀚宇宙广漠世界里，一个人有多么渺小，多么微尘。但在陪伴自己生活的这段时间里，我充分明白了一件事——只要我爱我自己，只要我的人生是我想要的，那么世界就是最美好的样子。

我就是我自己的骑士，我所拥有的技能点就是我的白马，我驾驭着它们在人世间披荆斩棘，走出让我自己圆满的路。

而在所领略过的千色风景里，如若恰好遇见了那个他，那就是最好的爱情。

每每有水嫩的姑娘感情受挫，就会来找我对饮一场不那么纯正但保证滚烫的心灵鸡汤，以我单身时"你看妍姐不是也还单着吗"到我结婚后"你看妍姐不是也剩了颇多年，但仍然遇到了对的那个人吗"打底，抖擞精神，重新来过。

年月过去，这些姑娘，有的已经遇到了令她们愿意共度余生的人，有些还前行于人生的孤旅，但每一次见面，每一次交流，我都能感觉到，她们比从前更美好、更鲜活、更快乐，也更有底气，更懂得生活的乐趣，更善于和自己相处。

也曾经有不止一个人问过我，你害怕过孤独终老吗？渴望有爱人嘘寒问暖吗？感觉到过寂寞吗？难道没有怕过日渐增长的年龄会降低自身的吸引力和竞争力吗？

说实话，一开始，我和每一个到了适婚年龄却茫然四顾、两手空空的女生一样，惶恐过，担忧过，惊惧过。我甚至还去相过一次可以拿来当作半世谈资的亲。

但罗宾·威廉姆斯说过这样一句话——"我曾以为生命中最糟糕的事就是孤独终老，其实不是。最糟糕的是与让你感到孤独的人一起终老。"

这句话，像一把利剑劈开我曾经混沌迷茫的心，让我明白了即使担忧惶恐，但仍然坚持着不妥协的理由是什么。

人生这件事，其实本质就很孤独，每个人都一样，出生后的终点也只有一个，即使途中风景不同，到底必须殊途同归。

所以，何必等待别人来拯救你的人生孤旅？日子过得如何，你的心是否真的幸福，只有自己能回答，也只有自己能保证。

我知道，每一个认真爱过的姑娘，心里都带着伤。有些伤口，甚至终身都无法痊愈。

人生就是会让我们受伤失望，这和你是不是美貌、温柔、善良、多金没有什么关系，因为人生就是这样设置的。

但行过的荆棘丛中开出的花朵，就是疼痛的意义。

那些疼痛会成就为坚强。成为伤口的过往，一定也有着幸福的形状。

所以，要做的其实只是下个决心，然后温柔地、认真地、清晰地、努力地，长成让自己心生欢喜的样子。

有一天，南瓜马车会自动驶来，水晶鞋会有适合你的尺码，霸道总裁会俯下身为你挽裙。

岁月绵长，有的是时间让你遇见更好的人。

而即使运气真的不够好，你没有遇见那个他，也必然能够，遇见更好的自己。

我想，对只有一次的人生而言，这件事，才是最最最重要的。你觉得呢？

没有早一步
也没有晚一步

终于等到你
一切都值得

不敢想象，没有见过你的生活
哪怕是擦肩而过，也记得那般温热

为了感动，也试着默默地守候
渐渐领悟，想要的不再是结果

也伤心过、折磨过、绝望过、恨过
就从没想要放弃过
就开心地、快乐地、幸福地唱着
遇见过你，一切都值得

My friend，我们都是幸运的
只为，你我默默感应着
My love，不论天长或地久
当我唱这首歌，就一切都值得

却从没想要放弃过
愿你唱这首歌，一切都值得

……

歌名：
一切都值得

演唱：
张杰

目录
Contents

岁月陪我一起等你

1

每个人都会有一个无法得到的人，

每个人都会有一个痛念一生的人。

你深爱过谁，又被谁深爱过；

你会在谁的记忆里，被珍藏；

谁又在谁的回忆里，被深爱。

请不要让我等太久

在你最美丽的时候，你遇见了谁？

在你深爱着他的时候，他又陪在谁身边？

在你心灵最脆弱的时候，又是谁在与你同行？

爱情到底给了我们多少时间，

去相遇和分离，去选择和后悔？

终 于 等 到 你

149

如果我不爱你，我就不会思念你，

我就不会妒忌你身边的异性，我亦不会痛苦，

如果我能够不爱你，多好。

可我知道，曾经相遇，总胜过从未碰头。

还好我没有放弃

什么青梅竹马，什么心有灵犀，

什么一见钟情，都不过是些锦上添花的借口，

时间才是冥冥中一切的主宰。

岁月陪我 ╳ 一起等你

Waiting for you

每个人都会有一个无法得到的人，
每个人都会有一个痴念一生的人。
你深爱过谁，又被谁深爱过；
你会在谁的记忆里，被珍藏；
谁又在谁的回忆里，被深爱。

暗恋是最伟大的感情，
最卑微的情感

这个世界上最适合你的人只有一个，不适合你的人却太多。为错误的人多浪费一分钟，遇到对的人的时间就延迟一分钟。

暗恋是最伟大的感情。Yvonne 说。

我不同意。暗恋是最卑微的情感，是欣赏虚假的繁荣，是一朵纵使再肆意开放却仍黯然的花，是被金碧辉煌的表面粉饰的废墟。

但 Yvonne，一直就活在暗恋里。

Yvonne 遇上了林川，所有青春里无处安放的少女心情就都有了归处，从十八岁到二十四岁，林川在她心里帅得经久不衰。日月年年，她带着无悔的天真，凶猛而安静地爱着，喜怒哀乐只为林川共振，照亮她生命的所有的光都来自于林川的眼睛。

林川对 Yvonne 也并不拒人于千里之外，相反，他对 Yvonne 很暖，天冷叮嘱她加衣；半夜在微信里说"乖，早点睡"；她生病时奔去为她熬粥喂药；她生日时送上大束艳红得足以耀红脸的玫瑰。他毫不吝啬地表现出对她的疼爱、关注、懂得和珍惜，处处让她觉得她于他是多么重要而独特。他的种种作为，让 Yvonne 对他的暗恋感情不只是浮在半空，而是有了"或者可以落地"的真实基础，但却又始终差着那么一个男女朋友的名分。

直到 Yvonne 开了一家咖啡店，店名就用了一个字——川。

简直是不能更奔放的示爱，昭显着 Yvonne 的用情之深。

再强烈的信号，有人接收才有效。而林川依旧保持一贯的态度，温暖地和 Yvonne 暧昧着，却从来不落个实际。他不主动前进，也不决绝退后。

他说，Yvonne，我知道有很多女生对我有感觉，但是我现在还是要以事业为重，这样才能为以后的家庭提供足够稳固的基础。

他没拒绝，也没否定。而一个男人对感情慎重又有家庭责任感，总是值得欣赏的。所以 Yvonne 只得寂寞地等，等待林川终于愿意接受她的心意。

林川对 Yvonne 好像也是蛮亲近的，比如他允许 Yvonne 三天两头过来为自己打扫房间，洗衣晾衣，在店里烤了面包、蛋糕、小食、甜点奉给自己。

秦毅说，Yvonne 做的东西好吃好看着呢，但嫌麻烦和占用时间根本不给店里做，于是店里不得不巴巴地再雇着一个甜点师。她这爱情奉献得实在太彻底，连我的金钱也奉献进去了。

秦毅是 Yvonne 的竹马，Yvonne 要开店时资金不够，正咬着牙准备押了房子去贷款时，被秦毅给拦住了，他说反正我也打算整点情怀当人生点缀，我们合作吧。

一个男人奉献金钱、时间来纵容一个女人，必然是带着爱意的。

但秦毅不说，Yvonne 心里眼里都是林川，我这个局外人也就拿捏不准是否需要点破。

喜欢一个人，本来就是件任性的事情啊。况且感情这种事情，总是当局者迷。凡觉辛苦，都是强求；不觉辛苦，即使饮砒霜，那也带着笑。

什么是值得、不值得？什么是得到，什么是失去？什么是真，什么是假？只要当事人自己甘心满足，旁观者事不关己又无切肤感受，好像也没有资格去影响和左右。

　　Yvonne 换了个 iPhone 4S。她的手机掉了，而林川恰好换了新款，于是借给她应急。

说是借，Yvonne 也没打算还过。她也换了和林川同款的 iPhone 6，然后把那个旧到升级到 IOS 8 后开任何程序都必须等待 3 秒的 4S 如珍如宝地随身携带，给了它护身符的地位。

对我来说，这就是一遍一遍抚摸过他的手心的感觉啊，你懂吗？Yvonne 用软软的绒布擦拭着白瓷咖啡杯，语气里似乎有无数粉红色的小心在噗噗噗地往外冒。

而 Yvonne 和林川的关系，在这个冬天终于有了新飞跃。

圣诞节那天，林川微信 Yvonne，问她要不要一起去泡吧。

Yvonne 急急地关了店，赶去和林川共度甜蜜的、只属于两个人的圣诞节。

意境过于美好，林川喝醉了，Yvonne 没喝酒，但她的心也已经醉了。

顺理成章的，她送他回家，他吻了她。顺理成章的，那一夜，她留了下来。

Yvonne 兴奋地说，我终于得偿所愿，从今以后，林川是我的人了！

我觉得悬——如果一个男人真的想要和他重视的人共度圣诞如此重要的日子，怎么会临到夜已将完才对她说？

在我看来，Yvonne 之于林川，在这个圣诞夜，不过是随意之举。

但看着快乐得像是得到了全世界的 Yvonne，我怎么也不敢在她心上泼冷水，何况她还真不一定听得进去。

爱情啊，就是霸道地让人蒙着眼、关上心、扔掉智商。人啊，一旦有了比自己更为重要的人之后麻烦就接踵而至了。

Yvonne 没有幸免，她也不愿被幸免。

Yvonne 像所有深陷在恋爱中的人一样，她所有的情绪都是林川给予的，全世界只有一个中心。

她几乎每天都去林川的公寓，如女主人一般替他收拾打扫，料理三餐。林川在溢满咖啡香的明亮晨光中吻她，说，原来我拥有世界上最珍贵的礼物。

那一刻，她的心像是被烟花轰然照亮，全世界所有的美好都盛开在她身边。

可是爱情，并不是某时某刻的轰烈漂亮，而是每分每秒的温暖妥帖。

情人节那天，Yvonne 忽然找不到林川了。

电话、微信、QQ，任何方式，林川都没有回应。Yvonne 又急又乱，只得等在林川的公寓门外。因为没有钥匙，她也只能靠着门坐，在这个寂静的冬夜里，一直等待。

林川是凌晨三点多回来的。看到 Yvonne，他意外得浑然天成：你怎么在这儿？

Yvonne 哭了。

情人节的失联，林川解释为加班，说是项目压力大，忙忘了。这个理由，Yvonne 接受得不情不愿，却也没辙。

　　她说，我不敢逼他，我怕他不再给我机会。

　　秦毅苦口婆心地劝 Yvonne，爱情只靠努力是不行的。而 Yvonne 说，可是连努力都没有的话是一定不行的。秦毅继续苦口婆心地劝 Yvonne，爱情里没有自尊是不行的。而 Yvonne 说，两个人在一起，是"我们"，不是"我"。

　　对于喜欢的人，真的是什么都能给予对方的啊，甚至可以丢掉自我。所以爱情真的是一件最不划算的事情，爱得越深的人越处于劣势，Yvonne 一开始就输了。

　　情人节之后，林川的项目进入了关键期，他和 Yvonne 见面的次数越来越少。Yvonne 只得常常坐在店里角落的位置，盯着那部陈旧的 4S 发呆。

　　周末的中午，一个女生走进店里，径直走向窝在角落里的 Yvonne。她说，我是安娜。她又说，我是林川的女朋友。

　　她是林川的女朋友，那 Yvonne 是什么？

　　安娜拿出一把钥匙——那是林川公寓的钥匙。她说，林川从来就温柔，不想伤害你的自尊心。所以你不要再去纠缠林川了，你好好的一个人，为什么要当见不得光的小三呢？

　　Yvonne 愣住了。她不相信安娜说的，她不相信林川会这么做。

　　秦毅说，有什么不相信的，当男人行踪成谜，就根本不需要再欺骗自己。

　　但林川说，安娜是他前女友，他们两个一直是异地恋，最后安娜不甘寂寞出了轨，他们早已分手。分手后安娜却又不甘心，总是来纠缠他。他说，安娜毕竟是他爱过的人，即使没有缘分，他也做不出弃之不顾的举动，他不想太过于伤害她。

换成是我，如果我们的世界里出现一个让对方心心念念的、可以和我相提并论的"她"的话，这个男人，我就已经不需要了。男人有点风吹草动三心二意，我绝对立刻二话不说就分手。

可是 Yvonne 妥协了。

她用爱情包容了一切，让林川的解释合理化。

我说，Yvonne，你别恋爱了，你用你毫无保留的大爱去传道吧。

可是人啊，总是要恋爱的。虽然全世界都说林川不值得，林川也没有向她证明自己值得，但她不能不爱他。

Yvonne 说，这是我自己主动选择走下去的路，所以即使寂寞，即使要一直等待，也是我该承受的代价。

爱一个人，从来都是盲目的事情，头破血流，死去活来，也要带着终会行走在阳光里的希望，持续向前。我只希望 Yvonne 的终点，真能春暖花开，百年好合。

安娜再次出现在 Yvonne 的店里时，是雷雨大作的天气。这次安娜直接拿起了桌上的水杯，将整杯水泼到了 Yvonne 的脸上。她不觉得够，又拿起吧台刚刚做出来的滚烫的黑咖啡，再次扬手向 Yvonne 泼了过去。

秦毅挡在了 Yvonne 的前面，滚烫的咖啡落在他的手背上，瞬间蔓延出一片暗红。

Yvonne 这时候才发现，林川也在。他站在安娜的身后，像是不认识 Yvonne 一般任由安娜肆意妄为，不做阻止。Yvonne 盯着他，他目光躲闪。

终于等到你，还好我没有放弃

Yvonne 推开了挡在她和安娜面前的秦毅，冲出了店门，林川任由她经过身边，而秦毅追了出去。

店外是车流量巨大的主干道。被绝望模糊心智、被眼泪模糊视线的 Yvonne 不辨方向地在大雨里奔跑，直到听到了急促的刹车声，秦毅依旧挡在她前面——他被一辆小车撞倒了。

Yvonne 愣了，她扑到秦毅身边，不知所措。秦毅虚弱地抬起头，说：Yvonne，麻烦帮我叫个救护车。另外，麻烦让那两个人滚。

Yvonne 慌乱地找出手机，却是那部只用来当作护身符的 4S。最终小车驾驶员打了 120，Yvonne 转过头，看见林川和安娜一起离开的背影。

哭过也怨过，可这路终究是 Yvonne 自己选的。她爱得太投入太全力以赴，没有给自己留下一点余地，于是在被摧毁之后，所拥有的，只有死寂的绝望。

跪坐在秦毅身边，Yvonne 放声大哭起来。

秦毅断了一条腿，不过好在只是骨折，恢复之后不会影响腿部机能。

Yvonne 带着最后一点希望联系了林川。她借口要还他那部 4S，不过是想再见见他。

林川说，安娜不让我和你再见面了，你快递给我吧。

他发过来一个地址，然后把 Yvonne 拉黑了。

Yvonne 带着 4S 去了林川的公寓，把曾经在门外痴痴等待的情人节夜晚的情景又重现了一次。只是这一次，林川没有再出现。在 Yvonne 的世界留下了一地狼藉后，他搬了家，轻松地离开了。

Yvonne 又按照林川发过来的地址去找，发现那是一家快递转运站，不管 Yvonne 怎么威逼利诱，对方都不肯透露客户的信息。Yvonne 只有这么一个线索，她不依不饶地一定要知道林川的所在，最后还是秦毅拖着粽子腿拄着拐杖把她从转运站劝了回来。

我拍着秦毅的粽子腿，说，你又何苦。

秦毅说，我最近看了部日剧，女生被她喜欢的人伤害了很多次，却又放不下离不开。有一天，女生又被伤了心，一直喜欢她的男生对着她喊出了心里话——因为你是我的梦中情人，所以请你不要变成任人呼来喝去的女人，不要谈会让你哭泣的恋爱。

我继续拍着秦毅的粽子腿，说，你又何苦。

Yvonne 坐在病房的角落，沉默。

那部 4S，Yvonne 最终还是快递给了林川。

一年后，说起这件事，Yvonne 的语气里已经没有了黑色情绪，她说，我那个时候太傻，不懂怎么分辨真心。

不过，谁都是曾经傻过的吧。其中的种种必然落下伤痕，当时你觉得只有那个人才是唯一的药。直至时光过境，你才终于明白，时间能愈合一切伤痕，它会给你最终的答案。那些为了某个人痛哭落泪、寂寞哀伤、撕心裂肺、绝望狂躁的瞬间，那样淋漓尽致的情感宣泄，那种愿意为了一个人而张扬所有情绪的曾经，终究会云淡风轻。

长日尽处，我来到你的面前。你将看到我的疤痕，知道我曾经受伤，也曾经痊愈。

咖啡店改名字重新开业的时候，Yvonne 告诉我，她要和秦毅结婚了。

我说，你得真爱他我才愿意祝福你，拿备胎当退路是极端不负责的表现。

Yvonne 说，秦毅出院后，我曾经遇见过林川。

在情人节的夜晚，烛光晚餐的现场，被林川握住手，听他细语的人却并不是安娜。Yvonne 忽然发现，她的情绪分外平静，甚至都没兴趣揣测林川和安娜是分手了，还是又一个自己经历过的戏码在轮回上演。她心里只有一种感情——庆幸自己身边的人是秦毅。

陪伴是最长情的告白。秦毅是照进 Yvonne 分崩离析的暗黑世界里的 sunshine。

Yvonne 说，失去的东西其实从来没有真正属于过我，所以也并不惋惜。而当一切都破碎的时候，只有秦毅的温暖提醒我，什么才是真心，什么才是爱。

爱情的存在不是为了给谁一个舞台出演虐恋，累积苦情。满是委屈和心酸，一步一泪铺就的路，绝不是通向真正的爱。人生才不是电视剧，没有那么多苦尽甘来，也没有那么多幡然醒悟。李白都说了覆水再收岂满杯，千百年后的芸芸众生，却大部分仍然不明白。

爱情没有对错之分，但是人有。有些人将你的心、你的爱当作烟花，燃尽后任由它成灰，有些人一步一步踏遍千山只为能够替你寻找一枝开得极美的花。

这个世界上最适合你的人只有一个，不适合你的人却太多。试错需要成本，而学不会止损更是双倍损失——为错误的人多浪费一分钟，遇到对的人的时间就延迟一分钟。

全心投入，也要学会果断止损。然后你会发现，最好的那个人，你终将遇见。

在这世上，一定会有这样一个人

这个世界上，一定会有一个人看得到你的珍贵，懂得你的苦楚，心疼你的不堪，想要和你分享他所见的一切美景。

周明去找谢青的时候，房东太太正气势汹汹地站在谢青的客厅里，把谢青出差回来后还没来得及打开的行李箱里的衣服一件一件向门外扔，一边吼："交清三个月的欠租，马上滚出去！"

谢青站在角落，看着她的动作，心里是麻木的。她只觉得世界已经灰暗到了极点，无力反抗，也不想再思考。

然后房东太太手一扬扔出了她粉红色的小背心，它最终落在了周明的头上。

那场景实在过于后现代，谢青忍不住大笑起来。笑着笑着笑着，她蹲下来，抱住自己，痛哭了起来。

等谢青再也哭不出眼泪，天已经黑了，房东太太也已经走了。如龙卷风过境之后一般的房间里，周明正在试图把散落的衣服叠好放回行李箱里。

谢青说，曹俊走了。

周明没说话，继续收拾着一地狼藉。

谢青又说，曹俊还欠你多少钱？

周明仍旧没有说话。也没停下动作。

不管他欠你多少钱，你也看到了，我现在真的是没办法还给你。我给你写张欠条吧。

周明说，不用，我也没指望他还。

谢青说，钱我会还给你的。现在，你走吧。不要再出现了。

因为，谢青也很快就要走了。

曹俊是谢青的男朋友。他在一家投资公司工作。收入不算低，至少比谢青在法律事务所当助理的收入高。

但他排场非常大，买衣服必须得有档次，手机永远是最新款，分期付款买了一辆宝马，租住在市中心最有档次的小区里，没有资产只有负资产。谢青和他在一起后，顺理成章地负担了房租和他养车的费用。

曹俊也曾充满感激地说，谢青，你真是一个最好的女朋友。等我成功了，你的投资就有回报了。

谢青不知道他会不会成功，但她知道，就算她是最好的女朋友，也并不是曹俊的贵人。

所以曹俊那些花红柳绿的应酬、交际、扩充人脉圈的冶游，除了尽量替他承担花费之外，谢青没有反对的资格，亦没有出席的必要。

曹俊有着 N 多大大小小的外债，有人来要，手上有，谢青就替他还了，没有呢，就发了工资再替他还掉。

谢青认识周明的理由，就是这么卑微——曹俊欠他钱，而她得替曹俊还钱。

她不喜欢欠人钱财，她觉得那是最卑微的一种活法。但为了曹俊，她忍了。

也不是没有想过分手。

但曹俊被现实挫伤，抱住她不语的时候，她明白，曹俊只有她。他最软弱的一面，只留给她。她抚慰了他的挫败，包扎了他的伤口，重新粉刷了他的骄傲，好让他在别人面前神气活现。

志气输给了心疼，自尊输给了爱。

这样的女子，世间大抵就只有谢青吧。

曹俊曾经拍着周明的肩膀对谢青说，周明是我唯一的真心兄弟。

周明是曹俊的高中同学，也是在这座城市里，唯一还肯借钱给他的高中同学。

但是，在第三次发了工资后直接拿钱去还给周明时，谢青还是说，你不要借钱给曹俊了，他不会还的，我也渐渐地不太能还得起了。我不想他因财失义。

周明沉默了几秒钟，抬起头看着谢青，轻声说，可是，我不想让你吃苦。

谢青一时间不知道该怎么回应。他是曹俊的朋友，她是曹俊的女朋友。他话里有太多感情，她只能装作没有听见。

周明问，谢青，你幸福吗？

谢青点头。

周明忽然笑了。

他说，谢青，你的心在哭，我能听见。

心有没有在哭，谢青没时间去仔细听。曹俊找到了一个据说可以长期稳定发展的大客户，心情非常好，拉着她在恒隆选择出入非富即贵的场所能够配衬得起的行头。

她看着那一件又一件衣服，盘算着曹俊并不在意的标签上太过于隆重的价格，实在没有办法说出一个好字。

曹俊也并不在乎她的意见，他选中了一件西装，然后示意谢青去刷卡。

接过导购小姐递来的 5 后面跟了四个零的小票，她迟疑了。

而曹俊说，快去。

电话接通的时候，周明说，谢青，这次要多少？

根本不需要问，周明就明白了谢青的求助。他甚至免却了她开口的尴尬。

要不是信用卡透支额度只剩下最后六千元，谢青绝不会去找周明——知道别人的心意，不能接受，却又去兜搭，这样绿茶的事情，比借钱更让谢青不齿。

但此刻，她唯一能找到并且有可能借钱给他们的人，只有周明。

她忍不住问周明，你很看不起我吧。

周明说，并没有。

谢青沉默。她想，周明终究还是给她留了面子。

但周明说，谢青，你知道吗？我见过不少女生，她们就像是北极的代言人，虽然笑容甜美，但是从里到外从心肝到手指尖都是冷的，只在乎自己。而你，你是她们的无限反向延伸。

谁让她中了爱情的毒呢？谢青也希望自己孤僻乖张任性偏激，因为曹俊好像更在意这样有个性的女生。他曾经不止一次地说，谢青，你能不那么乏味吗？

周明问，你有想过将来吗？

不是你和曹俊的将来，而是你自己的将来。

谢青没有回答。

电视里，亲密靠在一起的情侣笑容里都是甜蜜，父母带着孩子的一家人其乐融融。和曹俊已经五天没见，刚刚回到这里就遭遇了催租的谢青，坐在被房东太太席卷而去后只剩下满目疮痍的客厅，在这欢乐的城市背景里成为阴影。

电视声音被关到了最小，打给曹俊的电话还是只有空荡的响铃。

他也不回复短信、微信。

在人类世界里，所有无视谢青这个人的方式，曹俊都用上了。

谢青再打过去，电话已经变成无法接通。

曹俊居然屏蔽她的电话。谢青侧过头，看到自己被电视机的光映在墙面上，留下的浅淡模糊的影子。

这是她在曹俊世界里的地位——仅仅只是一个浅淡的、模糊的影子，而已。

一切都是那么空那么虚，爱是万丈深渊。

终于等到你，还好我没有放弃

曹俊第二天中午才回复谢青的信息。他说，谢青，我搬出去了。

谢青一直以为，曹俊终究会梦想破灭，最终黯然看清现实里的自己有多么可笑，连他孱弱的影子，都是因为自己甘心燃烧成为光芒，才最终得以成形。

但曹俊毫不犹豫地从谢青的生活里消失了。他最后说，谢青，我们永远是朋友。

然后，他把谢青一切的联系方式都拉黑了。

圣母光环熄灭，谢青觉得，自己的脸被狠狠地打了。

三年爱情，留给谢青的，是拖欠的三个月房租，和信用卡里累积的债务，和被房东嘲笑、侮辱。

这几年，她照顾曹俊的生活，替他分担开销，也失去了自己的朋友。在这个繁华得足以炫花人眼的城市，她已经没有任何依靠。

谢青走到阳台，看着绚烂的城市。霓虹灯把一切映照得恍如白昼，街面像洒下了一片金粉，但深夜的风依然是凛冽到足以让人发抖的程度。

她想，如果跳下去，想必就不会冷了吧？如果跳下去，曹俊会不会哭呢？

一件带着浅淡体温的外套落在谢青的肩膀上。是昨天被她赶走了的周明。

在乎你的人，怎么样都会在乎你的。不在乎你的人，怎么样都不会在乎你的。周明说，我继续做你的债主，你把曹俊拖欠的房租和卡债先付清，把自己的生活安排好，然后努力工作，分期还款给我。

你应该忘记这不堪的过往，继续更好的人生。

三个月后，周明问谢青，我能做你的男朋友吗？

　　谢青拒绝了。

　　谢青用了两年时间努力工作，把时间都投资在了自己身上，还考到了几个等级证。

　　她渐渐也发现，离开曹俊才有未来。如果仍然和他在一起，生活依旧在万丈深渊里，而她那圣母一般投射的爱，终究会散落，消失。

　　她没有再听到曹俊的消息，而这几年，她和周明的关系也并没有多亲近，他们甚至不常见面。

　　但每当想到生命里有这么一个人可以最终信赖，无论多么沦落，他都会把自己拉起来，谢青就很安心。

　　她终于还清了所有周明替她垫付的钱。

　　那一天，周明捧着玫瑰花和钻戒，出现在谢青公司楼下。

　　他说，谢青，你应该得到幸福。会有一个人，能看懂你的美，爱上你的微笑。而我就是那个人。我是家里的独子，我妈去世了，我爸找了个伴，在昆明安享晚年。我明年博士毕业后就能升主治医师了。我买了套小房子，两室一厅，刚好够小夫妻两个人住，房子首付已经付了，需要月供，月供占我工资的三分之一，不会影响日常生活。我的身体基本上一切正常，除了近视。如果不放心，我可以去做个全面的健康检查。

　　周明还拿出几张卡递到谢青面前：这是我的工资卡和保险卡，上缴国库。

　　围观的人吹着口哨起着哄，而谢青在微笑，笑容很美。

　　人生那么长那么曲折，总会有跌倒的时候，总会遇到让你不得不成长的境况，总会有一些你并不甘心但必须付出的代价。但只要你走下去，一定会得到不被亏欠的回报。即使曾觉得人生和爱情暗淡无光，甚至失去期待明天的理由，但幸福，还是会来的。

这个世界上，一定会有一个人看得到你的珍贵，懂得你的苦楚，心疼你的不堪，想要和你分享他所见的一切美景。一定能遇见一个人，看懂你的美，爱上你的微笑。

尽管那个人，也许要待你翻越千山万水，经过九九八十一难，才终于和你重逢。

但，总能遇见的。

谁又能明白谁的深爱

所有的伤痕都有意义，所有的分手都源于爱得不够。

在我的记忆里，从小到大，陈没自我介绍的台词每次都是——我叫陈没，没齿难忘的没。

唯独只有林乐乐叫他陈没，没有的没。好像这样就能显示出陈没之于她的独一无二，和她之于陈没的与众不同。

林乐乐从小就是这样的一个女生，非常倔强，有点小任性，不太懂察言观色，也不在乎别人的目光，有着认准一条道就走到黑的执拗。

所以嚷着"我也要和陈没一样"的林乐乐，后来自我介绍的惯例台词就成了——我是林乐乐，没心没肺乐呵呵的乐。

我和陈没还有林乐乐，以及李惟毅，算是青梅竹马。之所以说"算是"，

终于等到你，还好我没有放弃

因为林乐乐只肯承认，我和李惟毅是她和陈没中途出现的青梅竹马。

陈没和林乐乐幼儿园起就在一个班，而我和李惟毅是小学二年级时搬家到他们两家都在的小区，才加入他们这个两人集团的，从此好朋友排排坐，同一个小学同一个中学，日子就在打打闹闹中度过了。

高三那年，林乐乐和陈没之间忽然爆发了巨大的冲突，而且林乐乐宣布，她和陈没绝交了。

林乐乐常会为了一点说起来挺没劲的事情和陈没赌气吵架，最开始还心急火燎地做和事佬的我后来发现，问题一般都在林乐乐赌气而陈没无所谓的冷处理两天之后，以林乐乐的主动求和作为结束，渐渐地，我也就不掺和他们的小把戏了。

李惟毅也是这个态度，不过他告诉我，这次的爆发缘于陈没恋爱了。

林乐乐向陈没爸妈打了小报告。陈没怒了。

他找到林乐乐，就说了一句话——就算不是她，也永远不可能是你。

林乐乐说，可是，为什么不是她的时候，就不能是我呢？我陪着陈没已经这么多年了，为什么他心里最重要的那个人不能是我？为什么他身边的那个位置不是为了我准备的？

因为小报告事件，陈没和林乐乐终究没有和以往的每一次一样和好。在整个高中期间，陈没都对林乐乐爱理不理，据林乐乐说，她给过陈没无数次机会，主动送早餐，主动打招呼，主动求和，但陈没始终是冷处理，点点头，擦肩而过。

林乐乐像是终于被伤了心，专注功课，勤奋向学起来。

高考结果出来，我们四个人，不在同一方向。我在长沙，李惟毅考去了深圳，陈没在中山，乐乐去沈阳。

第一个离开家去学校的是林乐乐。

约陈没一起去送林乐乐时，陈没不置可否。结果到火车都进站了，陈没还是没有出现。

林乐乐有些失望，我也有些失望，毕竟青梅竹马一场。李惟毅跟个爹一样叮嘱林乐乐有什么不妥当就马上打电话给我们，到了沈阳换了手机号码记得第一时间通知我们，和宿舍的姐妹们好好相处，不要耍小孩子脾气。

他又念叨，沈阳听说冬天外面有零下几十度，怎么选择去一个那么冷的地方啊……

沈阳挺好的。林乐乐说，离中山十万八千里，离陈没远远的，挺好。

她的语气豁达，仿佛已经放下幼时即开始的人生最初的爱恋。

只是，在踏上火车的瞬间，她又转过身来。她对李惟毅说，深圳离中山不远，拜托了，你替我看好他。

下一刻，火车远去，青春也仿佛瞬间散场，留下快速远去的掠影，成为只可追忆的片段。

2014 年的冬天，临近寒假，距离期末考试也只剩下十二天，同学都在紧张地备考，李惟毅却跷掉了考前划重点的课，踏上了去沈阳的列车。

说起来，林乐乐曾经 N 次在微信里说起让我们去沈阳转转玩玩，我却一直找不到必须要去的理由，而李惟毅其实也没有非去不可的必要，任何事情都是一个电话一通信息就能说明白的，可是他却觉得还是走一趟比较好。

他去之前没有告诉我，直到回程，在候车室，才打了电话给我，说起这次沈阳之行。

李惟毅对"北方的冬天"从来就没有过明确概念，在深圳穿着很是合适的 CONVERSE 帆布鞋根本不能应对沈阳的冰雪，零下的温度让冰牢牢地附在鞋面鞋底，重得举步维艰。

林乐乐没有住在宿舍。她给了李惟毅一个地址，是她在学校附近租的房子——她已经和学校的一个男生恋爱了，一起在校外租了间小房子过二人世界。

李惟毅对我说，我一看他男朋友就知道，这个男生一定是炮灰——他长得和我几乎是同一个级别，普通而无甚亮点，哪里及得上占据了林乐乐内心多年的，剑眉星目、身形挺拔的陈没。

我问李惟毅：你喜欢林乐乐吧？

李惟毅沉默了，然后说，我是去告诉她，陈没失恋了这件事情的。

陈没失恋了。他异常地憔悴和颓废，还喝醉到酒精中毒，进了医院。

林乐乐跳了起来，她扯出行李箱，开始手忙脚乱地往里面塞衣服。

李惟毅说，林乐乐还是那么咋咋呼呼的，根本忘记了自己都没订票，而且马上寒假了，她生活费都花得差不多了，还打算透支信用卡去买飞机票呢。

我说，那她去中山了吗？

林乐乐顺利地去了中山。李惟毅把所有的钱都给了林乐乐，自己只留下了一张大概够从沈阳到深圳的火车坐票的钱。

李惟毅说，林乐乐像风一样地跑走了，我落在了她身后。我想起上次看着林乐乐的背影离去，是在送她来沈阳的时候。那个时候她说，离开陈没远远的也好，仿佛已经放下了对陈没十几年的眷恋。可是原来，以为变浅但却往往更流深的，是感情，以为加深但却往往浅到不堪一击的，是理智。

林乐乐就是林乐乐，她从来没变过，倔强，任性，一条道走到黑的执拗。而她最重要的那条路，路牌上刻着的，永远是陈没。

北方。沈阳。室内二十多度，室外零下二十多度。李惟毅以前只在来自北方的同学口中听到过的数字，现在真实地逼近在我面前——果然室外风刀霜剑，而室内暖气充足。

鞋子上原本附着的冰，在暖意盎然的室温下已经全然融化。李惟毅拿着那双湿漉漉的CONVERSE，咬了咬牙，把鞋穿上。湿冷的感觉立即毫不留情地漫过棉袜，附骨而至，带着透心的凉。

没关系，反正到了室外，马上又会结冰的。

买了车票剩下来的钱，还够李惟毅买一盒白加黑，以控制他发热到近乎昏厥的身体状况。用候车室免费提供的白开水吃了药，李惟毅蜷坐在蓝色的塑料椅子上，给林乐乐发微信。

他说，林乐乐，安全到达中山以后，记得给我个消息。

然后，他给我打了电话，他说，顾锦妍，如果我英年早逝，千万记得给我烧一双雪地靴。

林乐乐并没有回复李惟毅要她报平安的微信。但期末考试后，她倒是来了长沙。

我赶到火车站，见到了林乐乐，而她的右手牢牢地挽着陈没的臂弯，一脸甜蜜，一副热恋中的情侣就该有的样子。

我停下了脚步，隔着十米的距离，认真地看着他们。

林乐乐没有化妆，但是脸颊上淡淡的绯红很好看。全世界的星星仿佛都在她眼里，闪闪的，发着光。

陈没刚刚经历过失恋的打击，颓废消沉到酒精中毒住院毕竟还没几天，所以精神并不是太好。但是陈没就是陈没，即使是淡淡的，带着几分不在状态的游离感的姿态，也仍然让人觉得赏心悦目，玉树临风。

乍眼看去，真不是如李惟毅这般长相普通、身高普通、学业普通、什么都普通的人可以比拟的。但如果换成我，我一定选择李惟毅，而不是陈没。

这其中的道理，被爱情蒙了眼的林乐乐，并不明白。

这么多年兜兜转转，终于还是把陈没拽在手里。林乐乐志得意满地说，这就叫作命里有时终须有，该是你的，天涯海角转一圈，还是会跑回来的。歌里都唱了，两个人的寒冷靠在一起就是微温。我就是为了温暖陈没而存在的。

真是伟大的爱情。我看着陈没，以郑重的姿态说，陈没，拜托你，无论如何，好好对林乐乐。

林乐乐的右手一直牢牢地挽着陈没的手臂，笑容里，尽是明媚。

恋爱的人自有他们独特的世界，何况对于林乐乐来说，这段绕了一个大圈才最终被她握在手里的情感，是能够超越世上一切事物的存在。

我理解林乐乐那种想要用力补上所有曾经被浪费的时光的心情，所以我很自觉地尽量不去打扰他们的二人世界。自从陈没和林乐乐在一起之后，除了在微信的朋友圈看到林乐乐常常发布的恋爱甜蜜的状态之外，我和他们的联系日渐减少，逐渐变得像是再无交集一般。

而李惟毅，更是像在林乐乐的世界里失踪了一般，再不更新朋友圈。

时间流动起来，其实并不迟缓，不知不觉间，一年半就已过去，马上就要大学毕业，找工作，也就成了最重要的事情之一。

李惟毅投出的简历多，接到通知去面试的电话却并不多，他说，总觉得有种一事无成、自我否定的阴影，盘踞在心里，压得自己萎靡不振、无精打采。

我劝他，毕业生都是这么过来的，只要做好了该做的，总会有份幸运从天而降的。

第二天，李惟毅告诉我，工作没有从天而降，但林乐乐出现了。

导致陈没消沉颓废酒精中毒的前女友，回来找陈没复合。陈没没有任何犹豫和迟疑地接受了。他对林乐乐说，我爱的是她，我们分手吧。

他行动决绝，态度坚定，把林乐乐所有的联系方式都拉黑，即使林乐乐马上从沈阳赶到中山，他也避而不见。

林乐乐慌了。她只好来找李惟毅。她哭着求李惟毅，帮她找出陈没。

虽然第二天有一场对李惟毅来说最重要的外企的复试，他还是义无返顾地放弃了，连夜去了中山。

李惟毅给陈没打电话，约他碰面。陈没对林乐乐避不见面，但李惟毅约，他倒是立刻就来了。

他说，我知道我对不起林乐乐，但是我也没有办法——我不爱她。我努力过了，但是，我没有爱上她。所以，唯一能保证她不再受到伤害的办法，当然就是我远远地离开她。

他说，你知道，我和林乐乐之间的关系从来就是不对等，如果这辈子都和我在一起，那么她永远是百分之百付出的那个，她这样太可怜了。

是的，我们都知道，林乐乐只要不和陈没在一起就会疯狂地想念他，只要陈没不在她身边，她就没心思念书，没心思和朋友交流，没心思做任

终于等到你，还好我没有放弃

何事情，她这一年半以来待在中山的时间比在沈阳还多，她的学分落下了很多，她和同学几乎都没有了交流。

这并不是一段健康的感情该有的状态，可是对她来说，能和陈没在一起，就是她全部的幸福。

陈没说，李惟毅，我没有你那么伟大，我很自私，我只有这一辈子，我只能为自己而活。

既然如此，为什么当时你要接受她？为什么要答应她毕业后就结婚？

陈没忽然笑了。他唇角的弧度依旧好看，但却透着无比的冷酷。他说：因为我是个普通的人，软弱的时候，也会毫不犹豫地去捞那根救命稻草。

短暂的沉默之后，一记清脆的耳光，落在了陈没的脸上。

是林乐乐。

陈没笑了。他说，林乐乐，我和你两清了。

离开中山，李惟毅带着林乐乐回到了深圳。她把自己关在旅馆房间里，不出门，不说话，不怎么吃东西。

整整两个星期后，她才终于开口。她说，想回沈阳。

李惟毅买好了机票，陪着她换好了从深圳到沈阳的登机牌，送她到安检入口。

林乐乐忽然说：李惟毅，我发现，每次都是你在送我。

李惟毅不知道怎么回答她这句话，也只好沉默。

你这次不像爸爸一样絮絮叨叨地念我了？林乐乐说。

机场的电子屏幕不在乎来来往往的离人有没有心伤，仍旧放着色彩斑斓的画面，画面上的可爱小男生奶声奶气地说，"I fly over mountains and slide down a rainbow, to find you."

你飞过山川，越过彩虹，只为能找到他。

可是，世界永远有后来。

后来，我们一起走着走着，走了很久，但，我们总是要说再见的。

李惟毅为林乐乐擦干了眼泪，他说，林乐乐，你要答应我，不管心里破了多大的洞，也还是要更好地活下去。

这一次，林乐乐特别乖巧地点了头。她说，你放心，我回沈阳以后会认真收拾烂摊子的，学分欠太多了，再不补上，真的不行了。

她说，李惟毅，谢谢你。

然后她转身，走向了安检口。

李惟毅一直看着她，看着她走进安检口，通过安检，走向登机口，直到已经看不见她的身影，还站在原地。

大年三十的晚上，朋友圈一片领红包的欢乐气氛。而几百年没有更新过朋友圈的李惟毅，发了一条状态。

他说，有些事情，我很想告诉你。但是我从来没有让你知道。

我没有让你知道，在初中时他就对我说，他对你完全没有心动的感觉，太熟悉，像亲人，你们之间，永远不会有结果。

我也没有让你知道，我从一开始，就想劝你放弃这条暗无天日的单行道。因为我比谁都明白，这种人生最初的，幼时即开始的感情，只是单向的，永远无法成形的爱恋。

我更没有让你知道，这么多年，大家都叫你心没肺乐呵呵的林乐乐。我却在心里，独自叫了十五年林乐乐，音乐的乐。

心悦君兮君不知的悦。

但是我现在想让你知道，林乐乐，我会永远的做你最安静的朋友，存在于你触手可及的世界里。

所以，林乐乐，毕业以后来深圳吧，我来照顾你。

我等过了正月十五，也没看到林乐乐在李惟毅的那条朋友圈下回复任何一个字。

等我酝酿好了怎么灌一碗爱情的心灵鸡汤给李惟毅时，林乐乐的朋友圈也更新了。

她发了两张图片。第一张，林乐乐写的是：谁又能明白谁的深爱，谁又能理解谁的离开。

图片是我们四个人小学二年级时在家里楼下照的合照，大家排排站，笑得都如同花儿一般。照片上，林乐乐挽着陈没的手臂，李惟毅牵着林乐乐的手。

第二张图片是第一张照片的局部，我和陈没都不见了，留下的，是李惟毅牵着林乐乐的手。

这一张下，林乐乐写的是：曾经我不懂什么是真正的爱。幸好现在，还来得及。

是的，幸福来得好不容易，才会让人更加珍惜。

谁没有过曾经呢？曾经不能释怀不肯退却地投入所有理智和感情，曾经不愿放弃不肯承认感情上的失败，曾经为一个眼光在你身上停留都不会多一秒的人痴狂哭笑，无怨无悔。

但时日过去，幼稚过终于成长，受到伤害后学会包扎伤口然后终于痊愈，心灰过再重新被温暖，自尊心耗尽却发现仍然有人温柔相待。爱情终于带你走到能够看清楚它全貌的地方，你终于真正懂得爱情，懂得该如何爱，该去爱谁。

所有的伤痕都有意义，所有的分手都源于爱得不够。

而长久无言的陪伴、支持和等待，会是这世间，最亮的光。

终于等到你，还好我没有放弃

你将如何遇上真爱

世上有太多难以预测的变故和身不由己的离离合合，相爱却无法在适当的时间相遇，一个转身，也许就已经错过一辈子。

年少时的爱情，总是在生命中显得很特别。

夏小暖遇见曹星宇时正是高一，远远地在人群中瞥见一眼，就注定了她今生最初的爱情。

李腾是夏小暖的同班同学，又是曹星宇的初中同学，因此夏小暖带着和李腾做了好朋友就能对曹星宇的一举一动过往事迹了如指掌的不良企图走近了李腾。

当曹星宇正式成为夏小暖的男朋友之后，恋爱中的少女心里眼里，全世界也不过就分成两种人：男朋友和其他。李腾曾经是夏小暖的蓝颜，到此时，也逐渐成为了面目模糊的同学之一。

　　和大多数早早迈入恋爱的女生一样，夏小暖的爱情也并不是一帆风顺的。曹星宇身边总有不断出现的各种女生，他也并不抗拒和她们的交往约会，调笑暧昧。

　　第一次狠狠地发了脾气，却得到曹星宇一句"那就分手吧"之后，夏小暖哭了一个星期，然后在曹星宇找到她表示下不为例时，她心软了。

　　底线都是可以调整的，如果你爱他超过你的自尊。

　　自那之后，夏小暖的爱情就彻底陷入了被动。

　　李腾倒是曾经在 QQ 上和夏小暖说过，你又何必如此委屈。

　　夏小暖回答他，这不是委屈，不是逞强，这是爱情。

　　李腾便也息了声响。

　　但曹星宇，终究还是成为了夏小暖的前男友。大学异地恋是终结多少恋人的大杀器，夏小暖也没逃过它的威力。

　　也许是因为，恋人的心本来就不够坚定，而青春时期，诱惑远远完胜阅历和定力。

　　和曹星宇分手半年后的暑假，夏小暖在街上偶遇了也放着暑假的李腾。李腾问她，伟大而坚定的爱情如何了？

　　分明带着点讽刺的意味，但夏小暖知道李腾是为她好。就像他曾经直接劝过她的，不必委屈。

　　只有关心你的人，才会冒着得罪你的危险，一针见血地直言。这和刻意的刺伤是不一样的，其中的分别，就在于有没有真心。

　　分手了，已经分了很久了。夏小暖说，不过没关系，我已经有新男朋友了。

男朋友是夏小暖大学的同学，一进大学就直接向她告白。在夏小暖因为曹星宇黯然的每个时刻，都想尽办法逗她开心，在夏小暖和曹星宇分手的那个夜晚，夏小暖躲在图书馆的角落压低声音痛哭的时候，跑出去买了一杯优乐美奶茶，递给夏小暖说，还有我，我会把你捧在手心。

虽然心里觉得男生这种举动实在是过于幼稚和矫情，但夏小暖还是承认，自己被安慰到，并且感动了。

大家不是总说，在两个人的关系里，被爱的那一方比较幸福吗。夏小暖付出了太久，忽然得到全心全意的温暖，虽然接纳得有些犹疑，但也不能说没有被温暖了。

至少证明了，自己并不是不值得人爱，只是自己爱的那个人，错了。

李腾说，挺好的，只是这一次，千万别再让自己那么委屈了。

夏小暖点头。她占上风，她是被爱的那一方。

一个月后，夏小暖在 QQ 上告诉李腾，她又分手了。

李腾发过来一个惊讶的表情。问她，为什么？

因为不想委屈自己。夏小暖说。

爱情没有百分之百的绝对平等，一定有一方爱的比较多，在意比较深。十分的爱，两个人四六分可以，三七分就很危险。

而夏小暖，她的这段爱情，大概是九一分吧。他九她一。她甚至怀疑，自己连那一分都没有付出，不想投入。因为她的心，还留在一个让她投入七分的苦两分的酸只为换来一分的甜的人那里。

她说，这对对方是一种委屈，对自己又何尝不是。我不想因为寂寞而投入一个我并不想要的怀抱。身边的那个人，如果不是全心全意地爱他，我的心就还是冷的。

冷得发痛。冷得麻木。冷得没心没肺，没快乐没感动。

李腾沉默了。

第二天，他给夏小暖发了一条信息。他说，曹星宇向我打听你的近况，他说，他想念你。

李腾说，他想知道，如果他重新联系你，会对你造成困扰吗？

夏小暖说，你觉得，我应该和他恢复联系吗？

买卖不成仁义在嘛。李腾开了个玩笑。然后他正色说，那不是你这生最初且唯一的爱吗？既然心里还是放不下，那么就让自己去面对吧。爱情里有太多的前例可证，有缘分的人，总是会重逢的。

经过离别，各自历练后，大家都已经成长成熟。也许现在的你们，会比较适合彼此。

就算仍然不适合彼此，那也能让你觉得甘心一些。人总是要回头看看，才能更好地向前走。

常常有人说，在对的时间遇到对的人，是一种幸福。在对的时间遇到错的人，是一种悲伤。夏小暖想，也许真的，在爱情里，时机是很重要的。

夏小暖最终通过了曹星宇的微信好友申请。

毕竟是曾经亲密过，打算相伴一生的挚爱的人，夏小暖很容易就又感受到了曾经在曹星宇身边感受到的心跳和悸动。

微信联系了三个月后，暧昧持续发酵，只差最后那句确定彼此心意的话。曹星宇和夏小暖在周末回到了当初恋爱的城市。

走进当初常常约会的高中校门口的奶茶店，曹星宇正坐在狭小店面的小桌子边，手里还捧着一束百合，那是夏小暖说过的最喜欢的花。

但夏小暖现在不喜欢百合了，她更爱玫瑰。就像她现在早已不爱喝这种奶茶店里勾兑出来的满是香精气味的奶茶。

有些东西在时光流转后可能越发珍贵，而有些东西在时过境迁后已经不对了。夏小暖和曹星宇一起走在曾经牵手走过的路上，偶尔驻足隔着一点距离看他的背影和侧影，感觉到在微信虚拟空间里营造的亲密之外的隔阂。她觉得，他是曹星宇，却又不像曹星宇。

他的语气、声调、笑容、表情，她都很熟悉。但她已经不再如从前般迷恋和在意，她甚至听得出曹星宇语调里的轻佻，话题里若无其事的炫耀，笑容里一闪而过的敷衍。

她看着他，想，为什么一定要把你现在的生活说给我听呢？这些明明已经离我很远了。曾经约定过的承诺兑不兑现又有什么关系呢？我明明已经和你无关很久了。

夏小暖知道，自己爱过的那个人，从这一刻起，永远留在了过去的初恋时光里，无法寻觅，永不再得。

好像应该是很惆怅很寂寞的事情，却又有种解脱了的轻松感，夏小暖心上一直扣着丢了钥匙的那把锁，被打开了，扔掉了。

分别时，夏小暖对曹星宇说，谢谢你陪我走这一段，谢谢曾经。而现在，再见了。

后来很长一段时间，夏小暖再也没有遇见过爱情。

家里的长辈开始热心地给她张罗相亲，介绍适龄的、条件相当的男生。

有句话说，当你看到相亲的对方时，你会明白你在介绍人眼中的定位和分数。

于是在被有意无意地安排着见了五个适龄的、据说和她绝对是天作之合的对象之后，夏小暖说，我不相亲了成不成，我去考研提升自己好不好？

这样至少在拒绝相亲时，还能理直气壮地说出"女研究生找不到对象不是理所当然的事情吗"这样的话。

李腾笑她，这样不是等于给了那些贬低歧视女性的人以理由吗？

夏小暖说，只要我不歧视我自己，那么其他人的想法和看法，与我何关？

当然夏小暖并没有去读研，因为她的相亲成功了。

其实也不算相亲。夏小暖陪着爸妈去参加老朋友的生日宴，碰巧爸妈另一对老朋友也带着儿子来，两家家长一聊，发现男未婚女未嫁，于是板一拍，决定让他们相处看看。

男生刚刚从英国归来，学的是高深的金融专业，在世界 500 强工作，着装精致低调奢华，笑容职业却不浮夸，长得还挺帅。

唯一的缺点是忙得根本没时间恋爱，即使约会吃饭，也常常吃到一半就被公司电召加班。

夏小暖带着他和李腾吃过几次饭，让李腾帮她看看。

李腾问她，你决定了？

夏小暖也不知道。相亲是一个牵涉太多的项目，好像只有"合适不合适"这样一个选项。

作为伴侣，金融海归男必然在所有外在条件上都得满分。李腾说，难怪像我这样一个普通工科男至今孤独呢，原来这么好条件的男人都得投入相亲市场。

终于等到你，还好我没有放弃

但夏小暖，你爱他吗？你快乐吗？你觉得没有很爱就和对方结婚，对你的人生，对对方的人生，是公平的吗？

可是，这一次，好像又和大学时那个很爱夏小暖的男生不同。她很清楚，现在的两个人，都很默契地不提爱不爱，"感觉不错"就是彼此观感的上限了。她不知道如果开始共同生活，她能不能爱上他，又会不会被他爱上。她也不知道在漫长的一生里，自己会不会后悔，会不会觉得，这辈子已经废了。

而来生，谁信啊？

夏小暖问金融海归男，你觉得我们两个继续下去，有未来吗？

金融海归男一边回复手机上收到的工作邮件，一边说，我觉得挺好的。你从不让我心累，而且也算得上贤妻良母。对了我跟你说个事，我是一定要有两个孩子的，一儿一女，你要是怀孕了就别工作了，全职主妇才对家庭最好。在国外，女人全职在家挺普遍的。

夏小暖忽然有了恶作剧的心态。她说，我也跟你说个事，我身体功能有点问题，可能无法生育。

夏小暖离婚姻最近的机会又成了空。父母虽然没有多说什么但还是偶有抱怨，家里气氛挺低气压的。夏小暖合计了一下，干脆拿了年假，飞去了泰国清迈。

从前有意无意的，夏小暖看过很多关于清迈的小清新游记，蒲屏皇宫、松德寺、帕辛寺、盼道寺、清曼寺，她一个人跑来跑去咬着最新鲜的榴莲，逛得兴致盎然。

朋友圈的照片一发出去，李腾第二天发了微信给夏小暖。他说，你在清迈的哪里？

清迈大学里的湖边呢，还是个大象造型的湖。夏小暖咋咋呼呼地说，这里有超多漂亮气质的泰国妹妹，短裙长腿什么的，大饱眼福啊。

十分钟后，一辆 moto 带着李腾出现在夏小暖面前。他跳下 moto 第一句话就是，一个人二话不说地就跑到异国他乡，你不要命啊？

人生不是两件事必须做到吗？一次不管不顾的恋爱，一次说走就走的旅行。夏小暖说，我都完成了，帅不帅。

李腾小心翼翼地问，你还是活在曹星宇的阴影里吗？

怎么会。夏小暖大笑，决定放弃了的事，就该放弃得干干净净。那些决定再也不见面的人，就真的不会再见面了。倒是李腾，你怎么会忽然出现在这里？

李腾说，我这不是担心你吗。再说我也很久没有休过年假了，也来次说走就走的旅行呗，还有你做旅伴。

他又说，不过，你得请我吃几顿好吃的，我没买到特价机票就飞了，钱是亲生的，攒之不易用之心疼，没特价机票，我不但肉疼，连肝都跟着疼啊。

夏小暖豪气地一挥手：你的吃喝都算在我账上。

李腾凑过去一副小市民状：时效能是一辈子吗？

换来了夏小暖一套结结实实的老拳。

李腾到佩塔门附近租了个四十元人民币一天油费自理的小 moto，载着夏小暖满清迈地乱跑，饿了就吃糯米饭和塞瓦，把清迈大学的夜市从头吃到尾，吃完千人火锅就从清迈市骑车到素贴山，全是 S 道，李腾和夏小

终于等到你，还好我没有放弃

暖尖叫声不断，跟玩实况极品飞车一样，实在过瘾。

素贴山顶风光好，夏小暖啃着榴莲，看着清迈的全景，问李腾：说真的，你为什么不恋爱？

因为我不想妥协。和你一样。李腾说。

夏小暖又问，那你是不是对我有意思？

李腾一摊手：这不是摆明着吗。

这么多年，你为什么一直不说？

李腾说，因为时机未到。虽然我一直喜欢你，但你一直都没有准备好。所以我愿意等，虽然也许再过十年也还是等不到我们时间契合、感觉一致，但我不会妥协。我不会因为觉得失落，而去牵住一只并不想牵的手。就像你，不会因为觉得生活一片黑色，而去投向一个并不想要的怀抱。

我说不出喜欢你的理由，但我知道你是我不喜欢别人的理由。所以现在，夏小暖，你准备好了吗？

将要离开泰国，在机场的候机室，夏小暖看着李腾值机后向自己走来的身影，觉得踏实填满了自己的心。

阳光落在李腾的发梢，像年少时他们第一次遇见时教室里倾斜的阳光。他们相识了这么多年，却兜兜转转地迂回着才靠近彼此。

夏小暖想起她所遇见的每个人，他们都并非错的人。只要换个时间点，换个角度看，都是良人。而对于夏小暖而言，在对的时间遇见的人，才是对的人。

时机大概是缘分的另一种表现方式。它对了，缘分就到了，它不对，再深爱，仍是无缘。

但是没关系。真爱是存在的。时机总会到来。

只要相信，总能遇见。

然后，你给他花开春暖，他还你一世心安。

只是等待一次爱情。
Just wait for one love.

也许永远都没有人。可是，这种等待就是爱情本身。
Maybe no one will come out, but this kind of waiting is the love itself

生命是一份礼物，而我不想浪费它。
Life is a gift and I don't intend on wasting it.

我知道这世上有人在等我，尽管我不知道我在等谁。
I know someone in the world is waiting for me,
although I've no idea of who he is.

当你遇见一个你不需要刻意去取悦，而他会仅仅因为你的存在就感觉愉悦的人时，爱就是人世间，最美好的所在。

六六简直是我见过最毒舌的一个人。

当生平以金牌媒人自傲的三姑婆拿出一本厚厚的相亲候选人资料照片要安排六六相亲时，六六傲然地翻了个白眼，把那本厚重的记录推到了茶几边缘。她说，三姑婆，现在有句话很流行啊，媒人向你推荐什么货色，就代表你在媒人眼里有着什么品相。您可千万别让我误会，在您心里我其实分数很低哦，这样我爹妈该伤心啦。

她又说，我昨天路遇一个占道算卦的半仙高人，他捧着我的手掌指着我的感情线说，姑娘你的命宫有贪狼化忌，桃花运受阻，注定命途多舛，鸡飞蛋打啊。三姑婆，我总得服从命运，你说是不是？

我在旁边笑到了内伤。而三姑婆愣了愣，最终收起了那本相亲神器。

六六是我远房表姐，她的爸爸是我表弟的爸爸的哥哥，一表三千里，我小时候曾经很费劲地想要弄清楚我和她的亲戚关系到底是什么脉络，甚至不惜画了一张关系图谱，结果六六瞄了眼，拿过去就直接撕掉了。她说，我和你就是即使申报结婚也是会被法律允许的亲戚关系。

我说，哦。然后过了很久，我才后知后觉地反应过来，我和她都是女的，即使不是亲戚关系，申报结婚也是不会被允许的啊。

但从那以后，六六在我心里的定位，就固定在了逻辑清晰、反应迅速、眼光独到、性格直接、且有着毫不拖泥带水的毒舌的位置。

事实上，这也和她工作后的职场定位差不多。她在法律事务所当律师，能够用最少的资源完成最高质量的工作任务，而且敢于承担责任，永不言弃，眼界开阔，责任感爆棚，且毒舌。

这个定位，是她同事给她的。

同事是比六六晚一年入行的干净清爽小律师赵小刚，作为六六的助理出现在我面前。我那时还没对象，看到长相清俊办事利落有条有理有节有据的赵小刚，眼前难免不会一亮。我说，哎，人家都说肥水不流外人田，你作为我遥远的表亲，有这么好的新鲜资源也不pass给我？想自己留着？

六六对此嗤之以鼻。不做媒、不做姐妹、不做保，这是她为人处世的基本原则。

但我和小律师助理赵小刚还是交换了联系方式，偶尔会一起去图书馆，然后坐下来喝杯咖啡，作为共同见证人一起声讨一下六六的毒舌。

三姑婆虽然偃旗息鼓，但年龄已经直达三十岁大关的六六，依旧被各路亲戚和她妈妈的广场舞朋友团关照着。

六六说，我不是觉得相亲就怎么了，但是每次听到介绍人说对方老实，会过日子，我就立刻觉得心里一股浊气上涌。什么时候开始，结婚不结婚成了衡量一个人价值的重要标准了？

其实六六经历的这一切，在现如今的社会价值观下，大多数姑娘都难免遇到。

从大学毕业开始，被各种亲戚朋友长辈父母关照的不止是工作和理想，更多的是催着恋爱，催着结婚，催着生孩子。好像不催不逼，世界就会停止运转了一样。

六六恶狠狠地说，我读过的法典里就没有哪条法律规定女人必须结婚、非得生孩子，不谈恋爱不有个被众人羡慕的对象就是犯罪的。这种社会歧视必须修正，端正态度，从我做起。我这么一个貌端体健、上进独立、经济状况甚可、社会地位不低的女性至于被亲戚爹妈当作一颗过期就蔫掉的大白菜，不推出门去誓不罢休吗？我努力念书可不是为了给某个"会过日子"的男人镀金。

确实没有法律规定谁必须结婚，但所谓的家庭责任、社会眼光、约定俗成的人生道路就是这么正碾压一切个人意志行进着。再独立的女性，到了适婚年龄没对象，不结婚，即使你再了解自我，再确定自己生活中并没有因为少一个对象、少一张证书、少一个世俗的仪式而有所缺憾，别人却已经把你定位成失败者。

是啊，找个能搭伙过日子的人这么简单的事情,怎么就那么难以完成？被剩下的，就成为了流言蜚语里的 loser，或者性取向有问题的可疑者，好像不按照约定俗成的轨迹过日子，就危害了社会和谐，影响了社区稳定。

有些人就是觉得女性如果没有婚姻，那简直活得惨透了，人生就是不完整的。感情就需要磨合，长得不好才靠得住，心灵的契合和愉悦能比得上不抽烟、不喝酒、会节省吗？比起居家过日子来说，爱情重要吗？

爱情多重要啊。比如赵小刚现在刚刚单独接手的，就是一对中年夫妻的离婚委托。

男方事业成功，坚决地以感情不和为理由协议离婚，女方也并没有纠缠，倒是女方母亲哭哭啼啼的，觉得男方人品有问题，事业发达了就离婚换伴侣，完全对不起陪他共同创业的糟糠之妻。但女方反倒劝母亲，摆脱了不爱自己的丈夫，拿到一笔足够精致生活的钱，一个人过也不见得不是幸福生活。她说，至少我不用为了我丈夫的每一个电话、每一通短信的声音而心烦意乱、草木皆兵了。

现代女性和二十年前的女性，其实骨子里的温婉贤淑是没有退化的。只是现在的女性对爱情对事业都有了清晰的了解和认识，可以不再患得患失，可以坦然地选择自己的得失。有了独立的意识和经济基础，就有不讨好，不强求，不看无关旁人的脸色过日子的底气。就算失婚，也不过是止损的一种方式，这分明是很好的事情。

六六虽然毒舌，但偶尔也会冒出点心灵鸡汤的油花。她说，晚婚没关系，慎重选择未来伴侣是正当权益。因为，婚姻不该为盈利，离婚可以是止损。

情人节的时候，六六收到了娇艳欲滴的十二朵玫瑰。

小律师赵小刚立刻拍了玫瑰的照片发给我求八卦，我也茫然了——没有听说六六有恋爱啊。我想，应该是她众多追求者中的一位吧。

终于等到你，还好我没有放弃

我微信她，问：情人节有约会？

她午休时回我微信答，有人约，没约会。

她给我发来一张举着树杈手的自拍，笑容明艳，备注：像我这样的可人儿，才不愁找不到理想人选呢。

六六对男性的要求不低，首先要人品好，其次要有自我，有能让她崇拜的闪光点，再然后必须有责任感。他不必长得多么帅气，但是应该貌端体健，有正气。

她不要求男方的收入和社会地位，但是能有这些品质的男人，只要运气不太坏，该有的成就基本都会有。

这些条件说起来不多，但能达到的男性并不多，而且拥有这些条件的男人，大部分已经有了主。做第三者，六六是决计不屑的，而且，没有结束一段关系就开始另一段关系的男人，也不可能归入到有人品的行列中。

当然最重要的还是要有感情。六六曾经叹息，总有人说她条件太高所以才剩下。其实她并不要求对方的条件，她才不至于要靠别人来提升自己的生活品质。只是，是从什么时候开始，社会和大众对男人的品质要求降低到了让人叹为观止的地步，还不断地打压对男性基本品质有正常认识的女性？

小律师赵小刚说，六六姐一定能找到她心仪的对象的，多少岁对她来说，从来不是障碍。

因为她有好好照顾自己的能力。

男人看问题就是直接明了。其实每个人都一样，在找到一个肯把自己细心疼惜、悉心照料的人之前，首先要学会怎么真的疼惜照顾自己。并不是有了男朋友，就一切顺遂，即使在你最落魄最艰难时，他会和你相濡以沫，会无微不至的照顾你所有情绪，但没有人有义务把谁当作主子，一切获得都是有基础的——如果不是爱，那么就是利益，或者习惯。而不管基础是什么，都有可能在长期的对你的付出中疲倦，厌烦。

人生从来不是繁花似锦，没有王子少爷欧巴霸道总裁永远保护谁，你必须让自己可以面对所有的坎坷折磨、高低起伏、惨淡残酷，只有这样，你才能真正地掌控自己的生活，你不需要别人来决定你该过什么日子，你不需要别人认可你的种种才有安全感。

每个人都想要绝对的自由度，但并不是每个人都跨出了让自己变得更优秀的那一步。

三姑婆又来劝六六去相亲时，我恰好去她家蹭饭。

这次三姑婆来势汹汹，仿佛不把六六嫁出去她自己的人生就是失败了一样。她数落六六的标准太苛刻眼光太高幻想太没谱姿态太强硬，她说，你要把条件降低一点，把自己看轻一点，你要替你爸妈想想。你孤独终老怎么办？你以为老年生活孤单一个人很好过？

在六六的熏陶下，现在的我吐槽已经是吐得很宏观了。我说，三姑婆，就算结了婚，生了孩子，要是运气不好，老公比自己先离世或者婚姻不合离婚了呢？要是孩子叛逆不听话或者离得太远无法日夜照顾自己呢？婚姻和后代真的不是幸福的绝对保证啊。

三姑婆狠狠地瞪了我一眼。

而六六说，三姑婆，我有男朋友了。

我和三姑婆同时瞪大了眼睛。

说实话，我确实有着六六不那么容易找到合适对象的认知。因为从大部分人的角度看来，她太难取悦。因为她太聪明，太有能力，所以即使她

终于等到你，还好我没有放弃

并不是冷冰冰的性格，但自信稍有欠缺的人，就可能被她的优秀隔出距离感来。我见过太多男人，想要的理想伴侣都是不需要过于聪颖出色，只需要温顺顾家就好，因为他们没有耐心也没有耐力去和自己的伴侣并肩成长。

所以他们说，女人是用来爱的，不是用来理解的。

那只不过是因为，他们不想对身边那个人给予理解和支持，不在乎她的心灵是否丰富鲜活。他们只要有人处理好柴米油盐父母子女就 OK，至于那个人苦不苦累不累孤不孤单，是否需要花时间和真心去了解和体会，他们根本不想在意。

这样的男人，六六也不会在意。

六六的男朋友，是小律师赵小刚。

姐弟恋啊，好刺激哇。我号叫。

六六脸上有着恋爱中女人特有的娇羞和幸福。她说，赵小刚的心智不像很多 26 岁的男人一样幼稚，在活泼阳光的外表之下，他有着稳妥、开明、体贴的灵魂。

可是他职位比你低哦。我唯恐天下不乱地挑拨。

那又如何？六六不在意地说。

她是真的不在意。而且我也一直觉得，六六和赵小刚是很合适的一对。赵小刚是个踏实而可靠的人，重点是他还很有生活情趣，很幽默，很正直。

他们有相似的爱好，相似的三观，相似的对生活对事业的正视和努力。

其实我早就察觉到赵小刚对六六有着倾慕之情。男人是很简单就能看透的，在不在意一个人，只要看他的行动就能明了。如果他不闻不问漠不关心，那么即使再有暧昧情愫，也都不过是一场权宜之计。

赵小刚一直关注着六六的一举一动，每次和我见面都在探究六六的爱好想法心情状态，在决定向六六告白前，他存够了在市中心购置一套足够两个人居住的房子的首付，打算在房产证上写他和六六两个人的名字。

　　他说，我知道你不在乎这个，但是我有责任也有能力给你这些。我会倾尽所有的爱疼惜你，认真努力地赶上你的脚步，我会让你在做我女朋友的同时依旧保持完整独立的自我，我只希望你给我一个机会，让我证明。我不会永远当你的助理，但是我想成为你永远信任的一部分。

　　爱情其实很简单。

　　当你遇见一个你不需要刻意去取悦，而他会仅仅因为你的存在就感觉愉悦的人时，爱就是人世间，最美好的所在。

终于等到你，还好我没有放弃

陪伴，
是最长情的告白

见过了一千个人，我还是喜欢你。走遍了这个世界，我还是喜欢你。在有生的瞬间能遇到你，愿花光所有运气。

小萌给我送来从尼泊尔带来的礼物时，已经计划好了下一站去罗马。

她兴致勃勃地向我描述罗马的浪漫和对梵蒂冈的期待。

世界上最小的国家，罗马城中的国中国，教皇和教廷所在的先知之地，即使从未踏足，但光是闭上眼睛想想，都觉得浪漫又庄严，神圣又悠闲。

梵蒂冈博物馆（Musei Vaticani）N 个世纪累积的、教廷搜罗的奇珍异宝和艺术品数不胜数。而博物馆的西斯廷礼拜堂是小萌心心念念一定要去的，这个空无一物的房间并无展品，唯一有的是头顶上米开朗基罗绘制的巨型壁画《创世记》。在一任教皇过世之后，来自全世界的主教们会锁在西斯廷礼拜堂里，讨论下一任教皇的人选，并通过烟囱的烟雾向外界传达消息。

一直以来，她都认定蜜月要去梵蒂冈。携着爱人的手，沿着 Via della Conciliazione 大街走到尽头，经过圣彼得广场两侧的环形柱廊向北，一步一步走过博物馆著名的螺旋大楼梯，然后去西斯廷礼拜堂许天长地久的愿望，这是终极的浪漫。

蜜月之旅虽未实现，但广场许愿池已经被写进过太多的歌里。小萌说，我必须得去许个愿，也许扔进去硬币的时候，就能把心里盘旋不去的阴影一扫而空。

小萌的阴影，来自于失恋。

谁的失恋都是一场不到终点就看不到尽头的独旅，即使如小萌这般开朗的女孩，也无法轻易地从其中逃脱。

小萌的前男友爱好旅行，也爱营造浪漫。他带着小萌走了太多地方，给了小萌太多惊喜，太多新鲜，太多深深嵌在记忆里永不遗忘的美景和经历。

分手后，小萌开始行万里路，她避开所有曾经和前男友行过的地方，去完全陌生的地方，看不同的风景，遇见不同的人，为了忘记一个他。

三年间，一千多个日子，小萌感受了西藏炽热的阳光洗礼，神山圣湖间的静坐呼吸，大东北冰天雪地的寒意，普吉岛的碧海青天，恒河里泛舟的悠远感受。

静寂无声或喧嚣拥挤的异乡夜晚，步履不停的无数个不眠之夜，小萌遇到了太多人。他们和她不太一样，她是为了逃避，而其他行者大部分是为了寻找。他们相遇，陪伴，告别，掠过彼此的生命，留下或深或浅的印记，也收获了很多友谊。

但小萌心里的缺口，仍然在那里。走过越多的路，看过越美的风景，她就越深刻地感受到孤独。她没有从旅行中找到失恋这条路的出口，遇到的人再好和记忆里的那个他一比较，也总是稍逊了那么一筹。

我曾经劝过小萌，如果带着缺憾行走，再壮美的瞬间，也只会留下"可是你不在这里"的无奈。旅行从来不是万试万灵的良方，太多文艺青年嚷嚷着在西藏在尼泊尔在远方终于发现自己，但静下心来，我在自己的阳台上就能发现自己。

小萌没有停下来。期待共同实现蜜月之旅的人遗失在时光里，那么就自己走完这趟旅程。

在夏天，她背起包，去了罗马。

小萌并不是没有追求者。比如杨竟。

杨竟是小萌徒步九宫山时认识的。程序员一枚，属性宅，去九宫山也是被同事骗去的。那趟徒步非常艰难，但一个人行走的小萌和被同事远远抛下的杨竟互相扶持着走完了全程。

杨竟没有掩饰对小萌的感觉，小萌失恋后，他也曾向小萌认真诚恳地告白。但小萌说，经历过随时有惊喜天天有花样的爱情，杨竟便显得平凡普通了那么一点。

做朋友是难得的，做伴侣，纵使举案齐眉，到底意难平。小萌说，虽然治疗失恋的良方从来都是另一段恋情，但我不需要一段过渡的爱情来作为出口，渡我到尽头的，会是更好的人，更轰烈的爱，更浪漫的生活。

程序员被吐槽的段子不要太多，杨竟虽然并不是蓬头垢面爱好二次元少女言辞木讷表情呆板的典型宅男，但性格里也有着一股执拗不回头的劲。

小萌虽然友好礼貌地拒绝了他的追求，但他还是默默倾慕不改初衷。

他问过小萌，一个女孩子独自去陌生的地方，语言都无法交流，不害怕吗？

小萌摇头。她知道独自上路的危险，也曾经害怕过，但是人总不能因为恐惧就拒绝去发现美好。有勇气，智慧，小心地保护自己，就能尽可能地避免不幸的发生。

但杨竟仍然不放心。小萌去罗马，他便也拿了年假，和小萌一起飞越万里，说要增长见闻。

到了罗马，把旅行箱扔下，背着双肩小背包，小萌就奔向台伯河，越过石桥，经过圣天使堡，西转，Via della Conciliazione 大街就出现在眼前。

小萌对杨竟说，我们分开逛吧，这段路，我想自己走。

杨竟也只得点头。

小萌在梵蒂冈博物馆逛了四小时，然后打算去圣彼得广场的许愿池投硬币，许下终遇良人不再心酸的愿望。

但没想到的是，警察封锁了圣彼得广场附近的街区，只有事先在所在教区的教会领到入场券的基督信徒才能进入——圣彼得广场将举行一场弥撒，教皇将出席。

有个韩国的游客很热烈地跟警察理论，想要进入封锁区内参观弥撒，却被拒绝进入。他无奈地摇头，对身边的女孩说，即使在小小的梵蒂冈，能遇见教皇的可能性也很微小。教皇亲自参加的弥撒，常常很久都遇不到一回，看不到，真是太遗憾了。

小萌想，这像不像爱情呢？近在咫尺，却远如天边。而一直在路上的自己，即使走到地球尽处，是不是仍然漂泊，心无归处？

五天后，小萌从罗马回来了。

她给我带回来的礼物是一本《圣经》，我简直对她选礼物的眼光叹为观止。

但小萌认真地说，这可是梵蒂冈的《圣经》啊，《哥林多前书》第十三章第四节都说了，爱是恒久忍耐，又有恩慈；凡事包容，凡事相信，凡事盼望，凡事忍耐；爱是永不止息。所以，即使对礼物不满意，你也该开心地接受我的心意嘛。

你别旅行了，你去传道吧。我说着。又问她，计划下一站去哪？非洲？

没想到小萌大笑着摇了头，她说，我不走。虽然非洲我也是一定要去的，但我想静下来好好沉淀两年了。或者，蜜月的时候去非洲大草原好啦。

蜜月？我说，首先，你得有个未婚夫。

小萌不好意思地笑了，她说，男朋友会不会变成未婚夫，就看他的表现了。

我瞪大了眼睛：失恋这条漫长的路，小萌还真是在翻越千山之后走到出口了？

被拦在圣彼得广场的那天下午，小萌原本去许愿池的计划也就被中断了。她随意地选择了一条街漫无目的地走，结果遇到了一队拍摄整人节目的剧组。

与意大利罗马梵蒂冈人完全不同的东方面孔的小萌看了一会儿拍摄，

笑得前仰后合时，剧组的 AD 过来和她搭了话，请她参与拍摄。

第二天一清早，小萌就拉着杨竟从东至西穿越整个罗马老城去许愿池。大清早，游客并不多，小萌背对着许愿池，扔出去了硬币。

忽然一个意大利大汉冲出来，拉住小萌的手腕就拖着她走，手里还扬着一把匕首。

杨竟愣了一秒钟，立刻冲上去扯住了意大利大汉的手，把小萌抢了回来。一米九几的大汉 VS 一米七五的杨竟，完全可以用上那句十三年前蔡依林唱出来结果变成 2014 年度流行网络语的，画面太美我不敢看。

小萌正打算笑出来配合下一秒剧组跳出来嚷着"你被整了"，结果她看到了杨竟的眼神，他一边护着她一边盯着意大利大汉，完全是拼命的架势，脸上的表情简直气壮山河。

那个瞬间，小萌觉得，自己实在太绿茶了。

而她的心，也被温暖和感情击中了。

我说，喂，你别走少女被英雄救美所以感恩回馈的套路好吗？

小萌说，不是这样的。

知道小萌是参与整人游戏，虽然被整的人是自己，但杨竟说，你没事就太好了，其他的不重要。

小萌说，我不接受你的告白，还和你一起来罗马，你不觉得我绿茶吗？

不觉得。杨竟摇头。我跟着来，也只是担心你一个人在外面不安全。你记得吗？上次去印度，你坐从不准点的铁皮火车，流量用完了也没法马上重新续办，结果失联，那一天我就确定，我会一直等你，尽力陪着你，我不会扔下你，不会和你走散，不会和你天各一方，不会对你说，算了吧再见吧。即使你最后的选择不是我，但我愿意。因为，见过了一千个人，我还是喜欢你。走遍了这个世界，我还是喜欢你。

那一刻，一句话袭上小萌的心头：在有生的瞬间能遇到你，愿花光所有运气。

一直觉得自己可以坚强的一个人旅行一个人生活，但是似乎不能呢。小萌带着微笑和泪光说。

梵蒂冈多么小，却连教皇也不能常常遇见。这个世界多大，她却能遇见杨竟，爱原来可以简单又深重，沉默又盛大。

也许，是上帝实现了她想要在许愿池许下的愿望吧。那么，怎么能不珍惜呢。

随时有惊喜天天有花样的轰轰烈烈爱情远离之后，在这个五光十色的世界里，用一千多个日日夜夜，小萌走过了太多灯火阑珊。

她终于还是发现，安静的陪伴，才是最长久最长情的生活。

无论走多远，走多久，离开的目的，都是为了回来。

而前行的意义，是从恐惧中找到勇气，从疼痛里找到温柔，从伤痕里找到善良，从失去里找到爱，从荡气回肠里找到，最美的平凡。

不为谋生，为谋爱

顾思嘉是努力让自己的生活更精彩更完整更广阔的女子，但她不是乐于不劳而获的女子。她不谋生，她谋的是爱。

顾思嘉说，你晚上陪我去吃饭。

你去相亲吗？我问顾思嘉。

顾思嘉摇摇头：杨宪约我。

嗬，那渣人。我摇头拒绝：你替我送他两个字，呵呵。

杨宪是顾思嘉的前未婚夫。长得也还算将就，体形也不算失准，家世也还能称得上富贵，看起来完全是理想夫婿的代表，是顾思嘉最稳妥的归宿。

终于等到你，还好我没有放弃

当我知道顾思嘉的男朋友是这样来头时，简直羡慕嫉妒到再不想和她愉快地玩耍。

顾思嘉父亲早逝，家境不是太好，但她绝对不做苦哈哈的灰姑娘姿态，这点让我异常欣赏。

顾思嘉身上的标签非常鲜明：温柔、大方、有礼。这样的美女配钻石王老五，天作之合，灼灼其华。

但就在他们已经议定了婚礼所有细节，只待广发喜帖之时，顾思嘉通知我，婚礼取消。

那个时候，我才知道，看似白雪无瑕的爱情，还是躲不过冰消雪融时混沌的黑灰。

和杨宪在一起，从始至终，围绕顾思嘉的酸溜溜的旁人对"美女豪门"的绘声绘色都不曾少过。顾思嘉从前一点也不在乎这些恶意，她傲然地与杨宪出双入对，因为她有着骄傲——杨宪爱她，她也爱杨宪的骄傲。

但杨宪居然出了轨。

顾思嘉的骄傲就像台风过境后的沙雕，如日光融雪，溃散一地。

我问，顾思嘉，你要和杨宪分手吗？

顾思嘉摇头。她说，我不甘心。

我明白顾思嘉的不甘心。

也并不是因为杨宪的条件在这现实的世俗里算得上金光闪闪，还因为，杨宪是顾思嘉对爱情的唯一信仰。

顾思嘉和杨宪开始在高中，两个人一起经历了青春年少里最好的时光，最美的风景，也一起面对过大学两地分隔和形形色色的诱惑。

八年时间，已经足够人结婚生子了，顾思嘉和杨宪也像老夫老妻一样，只待完结那最后一个篇章，从此王子和公主幸福地生活在一起。

忽然横生枝节，换成是我，我也不甘心。

杨宪在顾思嘉面前痛哭，说只是贪图新鲜感，反复恳请顾思嘉原谅他的一时糊涂。

顾思嘉问我意见，我说，中国人向来是劝合不劝离的。但你要问我，我也只能直说——如果看起来他不那么爱你，那就真的不爱你。至于怎么面对，我想，要看你爱不爱自己了。

只是顾思嘉还是选择原谅了杨宪，毕竟，八年的岁月，已经比很多人的婚姻要长，他融入她生活的方方面面，要清空割断，绝不容易。

顾思嘉继续处理婚礼的细节，再也不提杨宪曾经的背叛，并不像诸多经历过这些丑陋故事的女子那般不依不饶。她当然觉得如鲠在喉，但是她更明白，两个人要长久地相处，包容、体谅、信任是多么重要。

顾思嘉和杨宪又恢复了在人前如神仙伴侣一样的状态，大家都以为他们会淘尽黄沙始见金，梅花香自苦寒来。

只有我总觉得顾思嘉的眼里，多了一层寂寞和无奈的神色。

所以，当顾思嘉跟我说，她终于还是决定不结婚时，我也并不意外。

顾思嘉给我看她的手机，里面是三儿发给她的信息，有和杨宪一起的甜蜜合影，有和杨宪的信息来往，日复一日，从不停息，字字句句透着让顾思嘉心寒的冰冷，传递着一个信息：杨宪的心里眼里，已经不是只有顾思嘉。甚至，已经没有顾思嘉了。

所以，顾思嘉在写着结婚喜帖时，终究还是停下了笔。她对杨宪说，你和三儿断了，不然我不会跟你结婚。

终于等到你，还好我没有放弃

杨宪说，顾思嘉，反正我会娶你的，我已经认过错了，你就别作天作地了。

看着杨宪满不在乎的眼睛，顾思嘉知道了什么是心痛，也知道了什么是心死——这个男人，已经不再是那个十七岁时笑容满是温柔，眼里心里都是真心的杨宪了。

她终究是失去了他——就算他娶了自己，她得到的，也不是她想要的。

顾思嘉抬起手，嘶啦的声响过后，红色喜帖成了再也无法拼凑完整的碎屑。

顾思嘉，你疯了？杨宪说，你想清楚了？你要跟我散？

我没疯，我清醒了。顾思嘉说，给了杨宪最后一个甜美的笑容。

她说，你婚礼的损失都算在我账上。

而爱情和自尊，我都不卖。

杨宪和顾思嘉的破局让人意外，却又让人不觉得特别惊讶——这个混沌世间从来都有无数匪夷所思的故事，顾思嘉遇到的，不过是每个人都可能有天需要面对的真实。

而杨宪的晚餐邀约，顾思嘉终究是没有去。

她说，除了支付取消婚礼的账单外，我和杨宪，再无瓜葛。

你甘心了？我问她。

现在这个社会的三观就不正，我和杨宪结不成婚，根源在杨宪身上，就算这三儿消停了，难保也没有下一个三儿，稍微有点钱的男人都有小姑娘喊着大叔前仆后继地扑倒呢，何况真有钱的杨宪。你说，我和这样的人去计较、去争、去抢一个心猿意马的男人，有意思吗？顾思嘉长叹了口气，说，扔了就扔了吧，哪怕我再也找不到人嫁，也不想惶惶不可终日。

我说，你想清楚了，过了这村儿没这店儿了，毕竟高帅富看起来满地都是，但要抓住一个可真是难啊，反正我从来没有成功过。

顾思嘉说，你觉得我像那些女人一样，有钱就行了吗？

我忙不迭地摇头。

我当然知道，顾思嘉是努力让自己的生活更精彩更完整更广阔的女子，但她不是乐于不劳而获的女子。

她不谋生，她谋的是爱。

网上有个帖子说，如果你男朋友是王思聪，你还介意他有其他女人吗？

才不介意呢。

只要思聪家不破产，那就是一生一世的爱呢。

我又不是爱他的人，他有多少个三儿都行。

大部分人这么回答。

但我相信，如果是顾思嘉，她的答案会是坚定的"不"——脸上还有淡然的笑容。

因为，顾思嘉要的爱情，是锦上添花，不是雪中送炭。

你已经一点都不爱杨宪了吗？我问。

顾思嘉说，我还爱他。可是，那又如何？

是的，那又如何？

每个被爱伤过的人心里，都住着一个虽然不再鲜明，但永不会被时光流影覆盖的人。将来的爱情，落在这里、或在别处，终于遇到最终陪伴的那个人，但在无可改变的曾经里，你遇见过他。

你为他哭过，为他笑过，为他愿意放弃一部分自我，为他忽略时光掠

终于等到你，还好我没有放弃

过的温度，为他忘记世间的明媚和温柔，为他即使含笑饮砒霜，也甘之如饴。

曾经为你痴狂多少泪和笑，曾经无怨无悔的浪潮，也都只能留在曾经。

顾思嘉还爱杨宪，但他已经不配她爱了。就算离开他，心里会空掉一个洞，那也不能用幸福和尊严去补。我明白，当杨宪踏出那一步的时候，已经不值得顾思嘉去付出任何感情了——不管是爱，还是恨。

我看着顾思嘉的眼睛。那里面其实还是有凄苦，有无奈，有寂寞，有对未来也许再也遇不到可以爱的人的恐惧。

但是我们以嬉笑怒骂避开了这些，任由它们在顾思嘉的心里流淌。因为，我们都明白，一切的一切，都必须由顾思嘉自己，一分一秒，一寸一寸地捱过去。

但我知道，无论在深夜独自一人时多么寂寞，无论向前的路多荒凉，她也不会后悔自己的决定。

后来，杨宪在顾思嘉的生活里彻底消失了。而顾思嘉在没日没夜的兼职努力支付取消婚礼的账单，根本没空接受我的温情安慰。

我说，顾思嘉，我跟你说实话吧，我有五万，你先拿去扔在杨宪的脸上，别透支自己的身体健康了。

没关系，顾思嘉说，我自己看错了人，我自己负责。

这样过了一年半，顾思嘉忽然在周末打电话给我。她说，你备好红包，我要结婚了。

这都是什么节奏。我茫然。我说，和谁？

不会是杨宪吧？顾思嘉不是说一次不忠百次不用吗？

不是杨宪。顾思嘉停了停，说，是谢涛。

谁?

谢涛。她说,谢涛。

谢涛?谢涛是谁?

顾思嘉是在献血的时候遇见谢涛的。

顾思嘉以前是不献血的。和杨宪分手以后,每当心里的痛楚到达她承受的底线时,她就去献血。看着血液流出身体,像是一点一滴地逐渐割舍掉曾经爱过杨宪的自己。

而那天,她在献血车上等待,看着旁边那人被抽的血逐渐充满了管子时,忽然觉得这不过是一种另类的自残。她终于确定,杨宪是不值得自己自残的。

然后她看到自己旁边也在等待献血的男生紧紧地闭着眼睛,一脸努力忍耐的表情,她忍不住说,别怕,其实抽血不算痛的。

我知道。男生说,我就是不能看,我晕血。

晕血?晕血你还来献血?顾思嘉大笑。

男生也笑,他说,我不看就好了。人生的意义不就是从恐惧中找到勇气,从苦难中找到善良,从伤痕里找到爱吗?

这励志感可真五月天啊。

而谢涛说,五月天是什么?

阳光从献血车的窗口落进来,停在谢涛的睫毛上。顾思嘉看过去,感觉到淡淡的温厚宽和和他眼睛里融融的暖意。

顾思嘉说,三个月后五月天会开演唱会。

谢涛说,我可以和你一起去吗?

于是，他们就这样相约去了演唱会。

黄牛那儿买来的看台票，隔着主舞台十万八千里。

但顾思嘉异常投入。她跟着放声唱"我和我最后的倔强，握紧双手绝对不放，下一站是不是天堂，就算失望不能绝望"，毫无形象，也不顾及形象。

唱完，她又大声地笑了。

谢涛什么也没说，只是带着一点安慰的浅笑看着她，带着淡淡的温厚宽和，和融融的暖意。

顾思嘉和杨宪看过那么多场演唱会，在最 VIP 的位置，看得到舞台上的人挥洒的汗水，但是从来没有哪一次，让她觉得，演唱会也是一件让人心生感动的事情。

后来，顾思嘉依旧专注于没日没夜的工作、赚钱、还清账单。

杨宪曾经找过她，表示不在意那笔钱，不需要顾思嘉继续偿还。但是顾思嘉说，不。

我说，顾思嘉你傻吗？第一，杨宪根本不在乎这笔钱，但这笔钱是你不吃不喝两三年的工资。第二，杨宪是完全过错方，就算是结婚了再离婚，你也有资格要求他净身出户。

但是顾思嘉说，不。她说，这场婚礼的所有细节都是按照我的设想和要求设计的，我只是在为自己的梦想和失败付出该付的价钱。何况，现在哪有净身出户啊，顾锦妍你忒天真。

我是很天真。但是比我天真的还有谢涛同学。

谢涛不算"富二代"，但是条件也比我们好很多——至少他平日开的那辆车，已经是顾思嘉所欠的钱三倍多。

他知道顾思嘉所有的故事，也知道顾思嘉努力工作赚钱是为了什么。但他没有跟顾思嘉说，钱我来替你还。

他会在每一个顾思嘉加班的深夜，安静地等在顾思嘉公司门外，坚持把顾思嘉安全地送回家。他会在每一次顾思嘉顾不上吃饭时，买好营养早 / 午 / 晚餐送到顾思嘉面前。他没有送过顾思嘉礼物，但在顾思嘉生日时，他推迟了出国交流的时间，给她煮了一碗长寿面。

最终，谢涛同学，在《忽然好想你》的背景音乐下，单膝跪下说，顾思嘉，我没有女朋友，我也没有结婚。你愿意给我一次机会吗？

这厮不是理科男吗？扮什么唐伯虎徐志摩。顾思嘉一边在心里吐槽，一边居然哭了，她说，我愿意。

爱情，只看人，不看势。

而在顾思嘉死去又活过来的新的人生里，她还是愿意相信有她想要的爱情，她觉得谢涛会是那个让她愿意去相信的人——因为他尊重她的自我，肯定她的坚持，了解她的伤口，也懂得如何与她有时过于强硬的态度相处。

即使她也许，仍然，会因此而受伤。

而我，在私下了解了谢涛毫不犹豫地在所有房产证上都加上了顾思嘉的名字之后，也终于世俗地放下了心，愿意真心地祝福他们百年好合。

因为爱情，应该是锦上添花，不该是雪中送炭。

终于等到你，还好我没有放弃

遇到你之前，
我会好好珍惜我自己

无论遭遇了什么变故，无论被人何样错待，借故堕落总是不值得同情的。越是没有人爱，越要爱自己。

在 costa 等许曦的时候，我看见了孙海。

和他的新欢。

看得出他们刚刚大采购过，孙海一个人拎着五六个购物袋，还背着他新欢的包。

即将与他视线接触时，我移开了目光。

五分钟后，许曦提着大包小包来了，手里还捏着一支录音笔。

她拿起我吃了一口的蛋糕，塞进口里，从包里拿出笔记本电脑，一边开机一边跟我说，你等我一下啊，这篇稿子要得实在太急了。

她噼里啪啦敲着键盘，而我小声说，那个，我刚看见孙海了。

许曦敲击键盘的动作停顿了一下，然后她说，哦。又继续敲起键盘来。

和那个小妖精。我又说。

哦。我真心地祝福他们百年好合。许曦应着，这次毫无停顿。

我记得清楚，两年前，也是在这样的冬天，我在凌晨三点接到了许曦的电话。

赶到她说的地点时，我看到她蹲在路边，伏在一个硕大的行李箱上，非常大声地痛哭，完全就像毫无掩饰毫无顾忌的小孩子一样。

我走近，拍她肩膀，她抬起头来，脸上都是眼泪，妆花得不成样子。

她哭得太惨，根本说不出来，一直抽泣，过了半小时她才终于平静。

平静下来，她说，孙海要和我分手。

孙海是许曦的男朋友。初恋。十几岁青春年华里最美的邂逅和精彩。高中毕业后两个人挑明了感情，因为大学一个天南一个海北而展开了漫长的异地恋。

我们一班同窗纷纷没有良心地断言他们必然步所有异地恋的后尘，最终抵不过时间、空间的距离一拍两散，从此以后同学会就能上演一个出席另一个就找理由消失的好戏。

毕业后，孙海在上海找到了高薪又有发展前途的工作，而许曦立志考研考到上海。第一年，她的成绩不理想，第二年又继续。

结果他们居然令人发指地熬过了异地恋，已经打算在许曦到上海读研时就把婚事办了。

许曦打电话给我的那一晚，同学群里还有人说，妈呀他们这张红色炸

终于等到你，还好我没有放弃

弹可是分量很重啊，谁好意思不送上厚礼以表彰他们情比金坚啊。

结果几小时后，我站在路边，听到这段爱情剧终的消息。

许曦没有告诉我们，一个月前，在她考试前最关键的时间，孙海发了一条信息给她，说要出差，然后就再也联络不上了。

许曦在考完之后立刻买了票，来到上海，去了孙海的公寓。

结果打开门的是一个娇小柔媚的女生。

那女生说：你谁啊？

然后孙海穿着睡衣出现在女生身后。他没有走出门来迎接许曦，他说，我们已经分手了，你还来找我也没有意义。

他和她中间隔着那个第三者。像是许曦永生都无法跨越的深渊。

我忍不住飙了一句脏话，我说许曦你等着，明天我带着上海的同窗们去爆了孙海这孙子。

许曦摇了摇头，说，我真的不知道我们分手了。我考试前，他还跟我说已经给孩子取好了名字。

许曦又开始了抽泣。她的头发垂落到遮住半边脸颊，精神恍惚的模样甚至让我在那个瞬间以为她有毒瘾。

她说，我是中了毒，爱情的毒，谁能赐我解药，让我不这么痛苦？

我说你现在还言情个鬼啊，你现在先想办法安顿下来，其他的事情我们来办。

在上海的同窗真的纠集在一起陪着许曦去找孙海，除了江楚成。他说：男人变了心，最好的办法就是一脚踢开他，还纠缠下去？你和自己过不去吗？

但是我们就是气不过啊。

而孙海面对着许曦，也依然振振有词：叶子是他上司的女儿，年轻漂亮家世优越，相比起来和许曦不过是五年间相聚过短短几个月的感情，选择哪方简直是不需要多做思考的事情。

他说得太有气势，我竟无言以对。

但男生们纷纷拍桌子表示要付诸武力，最后还是被许曦阻止了。

许曦说，大家都是同学，算了。她和孙海，分了就分了吧，总比最后嫁给他然后才遭遇背弃的好。

是的，不过是一个并不少见的错爱故事而已，每天打开电视都有节目轮番上演的戏码。最好的办法，也是唯一能够采取的办法，就是如江楚成说的，一脚踢开他，更好地往前走。

但是谁能轻易略过其中的心痛呢？那天我们散了之后，许曦就从我的日常里消失了。

人总有那么一段时间会成为某个人的脑残粉，很多女生其实都像许曦一样，可以为了爱情空置青春，坚守无谓的信念。即使隔着遥远的距离，也愿意为了男朋友一个人度过五年原本是最精彩的空白日子。

只是到了终局，原本以为终于度过最艰难的时刻，却才发现，一切不过是海市蜃楼。而等在彼岸的，分明是一场海啸。

再见到许曦，是在我完全没有想到的场所。

那是一年后的情人节，我被一直在相亲从来没结果的同事拉去陪她参加"粉红之夜"。

"粉红之夜"，手笔倒是不小，包下的是一间酒吧的整个二楼。一进

终于等到你，还好我没有放弃

门，就听到笑闹声一片，酒气和女生的香水气息在空气里交织，蒸发，闻起来倒有种别样的醺醉感觉，并不是特别讨厌。

漫无目地四下打量场所，我的眼光落在了坐在靠近门边的沙发上的女孩子。

居然是许曦。

现在的她，和一年前在深夜路边上痛哭的她有了一些些的不同。她穿着一件极其贴身的纯白色裙，好身材凸显无疑。她的脸上化着稍显艳丽的浓妆，和我记忆里一直清纯，走学院风的她无法重叠在一起。她好像根本没有在管周围发生了什么，看着酒杯，发一会呆，喝一口酒，再发一会呆，又喝一口酒，杯子就空了。然后倒满，继续循环。

她看到了我，表情并无变化，还是一口一口喝完了手里满杯的vodka。

我问她，你好吗？

她无谓一笑：反正死不了，就只得活下去。

闪烁的灯光在吧台上留下薄薄的，像雾一样的痕迹，有些萧瑟。

就像这个世界的萧瑟一样。

每个人都是这么的寂寞。

我看着许曦的侧脸，觉得她已经不是我认识的那个许曦了。

虽然可能矫情了点，但我始终固执地认为，无论遭遇了什么变故，无论被人何样错待，借故堕落总是不值得同情的。越是没有人爱，越要爱自己。

那个时候的许曦，和现在的许曦，是完全不同了。

我看着依旧在忙碌地敲着键盘的许曦，她微垂着头，阳光透过落地窗，给她的睫毛镶上了金色的光。

用力按下 Enter 键，许曦抬起头来。她根本不纠结我说起的孙海的事情，而是对我说，呐，跟你报告一下，我恋爱了。

真的？我激动起来。姓甚名谁住哪里？

许曦笑，脸上是我多少年没有在她表情里看到过的，在爱情里春风得意的人特有的娇羞。

在"粉红之夜"遇见许曦后，我忍不住辗转问遍了所有认识许曦的人，拼凑出了她生活的现况。

她第二年的考研还是失败了。但她留在了上海。她没有继续念书，也没有去找工作，她在孙海公寓的正对面租了间房子，窗帘拉开，孙海在公寓里的一举一动都看得一清二楚。

她不再是那个单纯恬静的纯白少女，她常常去跑 Party 去锐舞派对，日渐烟视媚行。

也不是没有对她不错的人，据说颇有几个"富二代"愿意成为她的护花使者，还有人跟她表白，说我爱你说我要娶你。但许曦说，爱情是个什么东西啊，我都不认识这两个字。

所谓前任，大概有两种变成前任的状况，一种是相处之后越行越远终于分手，一种是单方面被舍弃，于是无法甘心，一直住在回忆，困兽犹斗，筋疲力尽，却逃不出。

人就是这样奇怪，美好温暖如沐春风的过往总是很快就忘了，而疼痛的不堪往事却坚韧地缠绕在心上，不肯消散。

许曦的命里像是被孙海划出了一条伤痕，三五天便崩裂一次，永不痊愈。

她的心空了很大的一片，对世界没有热情。她在孙海视线可及的范围内一点一点让自己憔悴堕落，仿佛在等待他的良心发现。

但孙海一点也不为所动。

为她操碎了心的，是江楚成。

没有和我们一起去"讨伐"孙海的江楚成，一直关注着许曦。

他替她搬家，一千零一次地把烂醉的她从 Party 上拉出来送回家。他对许曦大吼，为了一个不爱你的人，你就打算滚在暗处作践自己一辈子吗？

许曦漫不经心，她说，你没有失恋过吧？你不会明白我心里的惨痛和无奈。

江楚成说，我喜欢你。所以我不是一直正在失恋中吗？但我也不能因为你不爱我就放弃自己，不然，当你终于发现我的重要，或是当我终于接受你永远不会属于我时，我还能剩下什么呢？

江楚成说，即使我不喜欢你，就算只是作为同学和朋友，我也不能放任你为了一个不爱你的人逐渐枯萎。许曦，你要知道，活得好，只是为了自己。

那一瞬间，许曦混沌的世界打开了一道缺口，有光慢慢渗透进来，终于逐渐照亮了她心的出口。

有一天，她终于说，江楚成，我想搬家了。

她不再每天晚上关上灯抱着酒杯看着孙海家温暖的灯光，让寂寞和愤恨一点一点把自己啃噬得千疮百孔。

江楚成替许曦分析了兴趣和未来的方向，许曦改了方向报了新的研考，江楚成自己也有专业资格证要考，他每日拉着许曦去图书馆扎扎实实地做功课。

他替许曦搬了新家，监督着她戒了酒，陪她去一直想去的西藏看辽阔天空。他鼓励着支持着许曦慢慢地站起来，不断给她积极的能量和一直在旁陪伴的安全感。

许曦和孙海恋爱了五年，一直以为两个人在一起卿卿我我就是最好的爱。

但经过了变故，被离弃、被无视、被践踏再重新站起来以后，她甚至感激孙海放了她，虽然她差点熬不过去，但在这个苦痛的涅槃过程中，她学会了如何成为更好的自己，也学会了如何正确地去爱，更因为明白了这些，而获得了更好的人生伴侣。

是的，最好的爱，不只是卿卿我我的甜蜜，也不只是朝夕的相处，更不是他和你在一起，是因为你是能让他站得更高更远的踏脚石。

最好的爱，是那个人把你收藏在眼眸，陪在你左右，随时为你送上最温暖的归属。

最好的爱，是他知道你所有的不堪但仍然爱你，是他了解并支持你所有的梦想，愿意陪伴你一点一点去实现，希望和你一起站得更高更远。

在遇到那个人之前，请一定好好珍惜自己。所有的伤痕一定会成为幸福的点缀。脚踩的地狱是天堂的倒影。

只要不放弃，向前走，终能穿越浩浩人海，因为有爱并肩。

一颗被深深伤了的心，需要的不是同情，而是明白。
A badly-hurt heart needs no sympathy but understanding.

我们总以为爱情很重，很深，但事实上它其实很轻，很薄。
We all thought love was very deep, but in fact it's very thin.

人总要走陌生的路，看陌生的风景，听陌生的歌。
One is always on a strange road,
watching strange scenery and listening to strange music.

然而终有一天，你会发现，原本费尽心机想要忘记的事情真的记不起来了
Then one day,
you will find that the things you try hard to forget are already gone

请不要让 *Here I am*
×
我等太久

在你最美丽的时候，你遇见了谁？
在你深爱着他的时候，他又陪在谁身边？
在你心灵最脆弱的时候，又是谁在与你同行？
爱情到底给了我们多少时间，
去相遇和分离，去选择和后悔？

女神苏末

我不想因为伸出手就能得到施舍而放下自尊，不想因为要走的路也许很曲折很困难，就放弃自己骄傲的权利。

我是在某个公务员考试的培训机构的培训班里遇见苏末的。

以我第三次参加公考培训的厚重经验来看，苏末是个很奇妙的人。

我见过太多忙不迭地交朋友套关系表现自己的优势，叽叽喳喳表明自己家里条件如何优越，社会关系多么丰富的人。我也见过很多把一生的荣光、未来出人头地的希望寄托在公考这条路上，负重前行的沉默的人。

而苏末不像我在这里遇见的大部分的人。她很沉默，但她的沉默总有那么一丝压抑的意思在里面，还有几分小心隐藏起来的骄傲。

她并不在乎和人结交，常常一个人沉默地坐在角落里看书，偶尔会拿出手机看看，然后回复一些信息。

而且，苏末长得很女神。

于是更加令人好奇。

对苏末有八卦心理的人远不止我一个，有几个小女生也挺好奇苏末的。

直到有一天，苏末下课后被一辆奥迪车接走。

女生们简直不能更八卦了，讨论着怎么套出苏末的底。

我对这种行为不屑一顾，却因为人类固有的劣根性，也忍不住好奇。

后来的某一天，小女生们表示揭开了谜底。

据说苏末有个"富二代"的男朋友。他们是在大学里认识的，原本游戏人间的"富二代"对苏末一见钟情，但苏末却并不在意"富二代"。"富二代"铆足了劲，用了三年时间才终于追上了苏末，对她无微不至，千依百顺，体贴照顾，绝不懈怠。

到了毕业后，"富二代"打算和苏末结婚，求了三次婚终于得到苏末的同意，本以为良缘已结，却在自己父母那里受到了阻碍。

苏末家条件不算糟糕，但是比起男朋友家，差距不止一星半点，男朋友的父母觉得自己的儿子怎么都应该找个门第相当的，因此坚决不接受苏末。

在"富二代"的百般哀求下，他们开出了条件——苏末考上公务员，才有可能做他家的媳妇。

女生 A 说，人家就有这个命啊，只要考上了，一辈子衣食无忧。这个世界，还是看脸。自立什么的都是骗人的。

女生 B 说，人家就有本事让男朋友给出学费给买奥迪，羡慕嫉妒恨？

那你也去勾搭个"富二代""官二代"嘛，就怕你没有人家的手段。

女生 C 说，我看她干脆就别考了，努力怀个孕不就什么都解决了？考上了一个月也不过那么点小工资，够他们豪门吃顿饭吗？

我觉得苏末被美女和豪门的世俗给妖魔化了，忍不住提声说了句，你们别这样，没意思。

小女生们本是不甘地看着我，忽然又都噤声了，一起直直看向我身后。

我转过身，看到苏末就站在距离我们不远的地方，听得分明。

她的眼神慢慢扫过我们，一字一句地说，我的学费是我自己出的。

然后她转身走了。

我追了上去，跟她说对不起。

她说，我知道，她们的话和你无关。

她又说，但是，我在别人眼里现在成什么人了，我也知道。

那天之后，苏末退出了培训班，也退出了公考。

她说，我想清楚了，我的人生向哪个方向走，都必须是因为自己想要往哪里走。虽然我是很爱我男朋友，他对我也很好，但他父母一天看不起我，我就一天没法舒心过日子。即使勉强嫁给他又有什么意思呢？我想清楚了，我不能拿我的尊严去交换爱情。

人家不喜欢我有什么关系，我自己得喜欢我自己。

她的眼神充满了自信，透着无比的坚毅。

她向男朋友提出了分手，同时报了一个语言班，她要考到资格证，然后，攻下向往已久的外企的 offer，争取派驻海外。

换成我，断然不敢像苏末这么果敢——"富二代"男朋友唾手可得，从此过着衣食无忧香车宝马的日子，一辈子不工作都没问题，环游世界只需要心情——要知道，有多少人为了这种生活，很愿意放弃一些原则和尊严。这样的选择要是让她们遇见，可能就直接给跪了。

不是所有人都有勇气做出改变。工作、感情中兜兜转转的现实人生，是如何不留余地地磨灭了人的理想和梦，例子比比皆是。

过日子，现世安稳为第一要务，你何必如此折腾呢？你不是很爱他吗？我问。

苏末说，我很爱他，但是我得先爱我自己。

原本一场公考就能带来际遇的一百八十度改变，苏末却宁愿掉头走一条崎岖的路。尽头是巅峰还是深渊，谁也不知道。苏末自己也不知道。

你就有一定的把握实现你的职业规划吗？你要和他分手，你能保证以后还能找到条件这么好的男朋友吗？

对于我的问题，苏末也没法回答。但是她说：我活着的开心，不能靠着别人来施舍，它们都得是我自己的。

苏末把自己推到了背水一战的位置。

她给自己制定了极其严苛的时间和任务表，像是军事化管理一般，分毫不差地照着进度进行。

晨光微亮，她就带上耳机出门，跑上三十分钟，练习听力的同时为健康打基础。

拒绝了男朋友上下班的接送，多出来的在路上的两小时，她就拿来巩固词汇量。

她就像是被推下悬崖的幼鹰，咬着牙拼着命，自己扑腾着慢慢学会

终于等到你，还好我没有放弃

飞行。

也许有人觉得，这样算什么苦啊，这样有什么值得佩服的，大部分人不都是这样日复一日地过日子吗？

但，古人说得好，由俭入奢易，由奢入俭难。如果我是苏末，从能遮风避雨的奥迪上下来，风里来雨里去地踩着高跟鞋挤在上下班的人潮里，我大概早就认输了吧。

何况，苏末她还长得美。

看美女挣扎在尘埃滚滚的现实生活里，总是觉得特别凄凉。

苏末不这么觉得。她感觉自己活得可充实了，她说，我心里踏实，你明白吗？是那种神清气爽的踏实。

她也没有因为忙碌而放任自己形象的疏懒。做柠檬水每日补充维 C，每周两次去健身房塑形体，保证每次出现在人前的干净细致的妆容。

一年过去了，苏末拿到了资格证，还有了更加健康美丽的身体。

她投出简历，去那家理想的公司面试。

但是没有通过三面。

她摊摊手，轻松地说，没关系，我向面试官请教了我的不足，我可以从头再来。

第二年，她再向那家公司投出了简历。

这一次，她拿到了 offer。

苏末男朋友一直拒绝接受苏末单方面的分手宣言。而至此，男朋友家里终究同意了这段姻缘，催着男朋友带苏末回家见长辈，定名分，选个好日子成亲，早点生儿育女。

我简直要为这样花好月圆、功德圆满的结尾点一百个赞，苏末却说，NO。

她说，我要被派驻海外呢，我得去。

男朋友说，没人规定你结了婚不能出国啊，大不了我跟你去呗。

苏末却说，我还没想好要不要结婚，而且，你应该有你自己的生活。

我以为苏末是心里仍然梗着男朋友父母不接受自己这根刺，傲娇一下，给人家一个下马威。

结果，苏末居然是当真的。

我说，你不爱他了？

爱啊。苏末说。

那为什么不结婚？

因为我现在不想结婚。苏末说。

你以为人家会永远等你？姐啊，你男朋友那条件，分分钟都有蜂蜂蝶蝶的向他扑倒。我都有点气急败坏了，恨不得晃醒她说，这种好机会，你不要？那放着我来啊。

苏末仰起头，看着辽远的天空，说，无论多么气派豪华的婚礼，都不等于婚姻一定会幸福。而两个人要终身带着爱相伴下去，与钱多钱少也没多大关联。爱是不会一成不变的，如果想要它不断生长一直存活下去，作为载体的人，就不能先停止生长。

她又说，如果哪天爱断了，如果没有了他，我也还有我自己。

女人的归宿，大部分都被判定为有一段好姻缘。

而苏末不。她说，我的归宿是我的健康，我的能力，我的自我，和我的眼界。我就是自己的归宿。

终于等到你，还好我没有放弃

她的声音带着绝对的笃定。

男朋友于她，不是雪中送炭，而只是锦上添花。

从来都有人说，现实一定会慢慢磨平你所有的棱角，吞下你所有的骄傲。你曾经深深厌恶和不屑的人生，你终将会慢慢地理所当然地接受。

但女神之所以为女神，是因为那些甘愿被现实打磨的人永远无法拥有的可能和机会都在她的心里。她的快乐和幸福都来源于自己，而不是寄生在男朋友的身上。

我相信，即使世界此刻崩于眼前，她也能踏着高跟鞋，一步一步走出一条康庄大道。她不单拥有女神的容颜，还拥有永远都不怕从头再来的坚毅。

苏末说，我的亲戚和朋友都曾经劝我妥协。他们说，一个女孩子，不要太倔强，有些机会不会永远等着你。说钱才是生活的最终原则。但我不。我不想因为伸出手就能得到施舍，不想因为要走的路也许很曲折很困难，就放弃自己骄傲的权利。

如果现实把你变成了你曾经不屑的人，如果你放弃了最重要的那部分自我，别把一切都归咎于生活，别说是生活把你的梦想吞掉了。

那都是借口。

而真相不过是，你没有选择坚持，你轻易地放弃了。

然后你开始为自己的失败人生安置各种借口，环境、社会、机遇、人心。好像这样一解释，那被辜负的生活，就不是自己的责任了。

那么，灰蒙蒙的人生，又怎么会不找到你。

而珍珠，只有磨砺，才得光辉。

好姑娘就该光芒万丈

如果他发现失去了你是他一生的痛，那是他自作自受。如果他不觉得失去你有什么重要，那他也不值得你惦记。

阿紫说，妍妍，你和小眉聊一聊吧。

小眉？

在王俊还是阿紫男朋友的时候，小眉才上高一，和我一样整天跟在她们后面做甜蜜爱情的电灯泡。

王俊对这种情况是很不满意的，但是小眉是阿紫的表妹，而我作为阿紫的挚友那时节又沉溺在失恋的深坑里，所以他也只能接受这种四人行的局面。

过了两三个月，小眉在四人行中出现的频率忽然从常见变为零了。阿紫说，小丫头恋爱了，世界从此只有"他"没有"我们"。

终于等到你，还好我没有放弃

后来我也见过小眉几次，每次都是笑得甜蜜到无法自持的模样，一派恋爱中少女必然有的自 high 状态。

我说，小眉就没有从你和王俊那花心到渣的前男友的狗血故事里学到经验和教训吗？

恋爱是非常私人的事情，别人再痛，你不经历过，就绝对无法感同身受。正因为我被渣男伤过，所以我才不能眼见小姑娘再被同样渣的男人耽误啊。我这是做功德。阿紫说。

她又说，你自己失恋过那么多次，又听过那么多妹子的情感故事，来给小妹妹熬心灵鸡汤实在是太合适不过了。

我何德何能给人家灌心灵鸡汤啊？就算我和鸡汤沾边，也是拿着鸡汤照人脸上泼的那种吧。但是阿紫开口了，我总得尽些力。

小眉从高一起直到大学毕业的现在，交往的男朋友一直是江北。江北呢，是高富帅，但也有着高富帅的通病——花心。

小眉每次都原谅了江北。她甚至看到过江北劈腿的现场，还说，江北只是没定性，贪玩而已。

而最让人无语的是，江北再过三个月就要结婚了，新娘不是小眉。

阿紫本想着于江北结婚了，小眉就会清醒，但就算知道江北花心了十几二十次，小眉也还昏头涨脑地不肯放手，我真怕她以后哭着喊着去当那人渣的三。阿紫说，男人一花心，就该二话不说地分手才对，还以为自己能感化他呢，真不知道智商去哪里了。

想当年阿紫和王俊在一起时，也是挺让人不省心的。王俊和江北一样，出轨和吃饭一般频繁，阿紫哭过闹过，仍然没有换回王俊。我担心阿紫可能会因为王俊颓废到底时，阿紫忽然清醒了。她利落地断了对王俊的纠缠，洒脱地开始了虽然单身但却精彩的生活。

到现在，是王俊常常有意无意地问起阿紫的境况，而阿紫对王俊，再无惦记，亦无留恋。

大概，感情啊，就是死去活来——非得死掉，才能再活过来，没到那个程度，旁人谁都帮不上忙。

和阿紫分开后，我开着我的小破车绕远路回家，主要目的是为了听完电台里那档其实挺矫情的情感倾诉节目。我不知道这些人打进电话把自己千疮百孔的感情展示给全世界能起到什么治愈作用，但是我一旦有什么不开心的事情，就去听他们讲述他们生活里那些乱七八糟的事情，然后就能发现总有人比我更惨——这招还是挺治愈我的。

转悠到节目即将结束时，我居然看见了小眉。她带着点很有少女感的小跳步走在路偏中间的位置。如果不是熟人，我真怀疑她不是想自杀，就是想碰瓷。

踩一脚油门，我超过她，又踩一脚刹车，把车正好停在她旁边，落下了车窗玻璃：姑娘，你去哪？我送你。

默默地开了很长的距离，我终于忍不住说，小眉，江北要结婚了，你知道吗？

我知道啊。小眉说。

原来，江北家要他结婚的时候小眉就和他分过手了。但是江北说，他要结婚都是家里要求的，他当然觉得小眉最重要，所以他必然会为了小眉抗争到最后一秒，他对小眉说，小眉，你还爱我吗？你会等我吗？

于是小眉当然就感天动地地点了头，决定不依不饶地等下去。

所以呢？他不结婚了？我问。

他说要我给他点时间。

难道不应该是取消了婚约和未婚妻断了之后才来重新追求你吗？我用力一脚踩下刹车，把车停在路边，认真地看着小眉：姑娘，你智商没问题吧？落差往往源于认知的差异——你认为是真爱，于他只是权宜之计，甚至调戏。所以啊，姑娘你可长点心吧。我跟你说，对待渣男的正确方式就是，男人一花心，二话不说就分手。

我知道，你们都觉得他不够好。小眉说。可是，我就是喜欢他，我想和他在一起，我们八年多的感情我就不能不舍得吗？我遇见他比他未婚妻更早，我和他在一起也比他们在一起更早，我不是三儿啊，为什么不能坚持真爱呢？毕竟，他是我的初恋。

她的声音低下去再低下去，那瞬间，我仿佛看到了当年的阿紫，她哭着说，可是王俊是我的初恋，是不可替代的最宝贵的存在。

初心什么的，也得付给值得的人啊。我看着小眉，真不知道该佩服她够纯情够为爱失智呢，还是该毫不客气地告诉她，男人花心不但是病，而且是绝症，即使死到临头，也有可能是治不好的。而花心的男人，道德底线也绝对是能够低到让她瞠目结舌不可置信的程度的。

送小眉回家后，我发微信给阿紫，我说，小眉和你当年一样，不见棺材不掉泪，我尽力了。

阿紫回复我：很多事情，总是后来才懂得，原来深情的现在是多么不必要。

可是，不踏过万水千山，不被最爱的人一刀一刀划破心脏，不走到爱情里最不堪的境地，那些深爱的灵魂啊，就是不愿意认输止损，放弃离场。

三个月后，在寒冷的冬日早晨，我收到了阿紫的信息。

她说，小眉已经失踪三天了。

阿紫拉着我去了江北的婚礼，把他拉到一边，问小眉在哪儿。

江北的回应是丝毫没有超出我意外的没心没肺，他说，大家都是成年人，她要去哪儿，我管得着吗？

我很辛苦才忍住没有甩他一耳光。阿紫甩了。

一阵混乱里我护着阿紫离开了婚宴现场，但我们没有找到小眉。

一整天，我载着阿紫几乎转遍了全城，任何一个可能和小眉有交集的朋友，以及和江北哪怕只有点头之交的人，我们都找了，我甚至拜托了朋友查小眉的出入境记录，但仍然一无所获。

一天下来，阿紫人都要垮了，我把她送回她家楼下，好说歹说她才同意回家先休息，第二天一早我来接她继续找。

凌晨的街十分静谧，电台里重播着那档情感倾诉节目，我心不在焉地打着方向盘，想着明天还要去哪里找小眉。

然后我看到了马路中间走着的一个女孩，怎么看怎么像小眉。

她依旧走在路偏中间的位置，但这次和三个月前不同，这次她应该是想自杀，不然也不会边走边痛哭，毫不在乎凌晨因为车少人少而速度飞快的来来往往的车。

我就地把车停在路边，然后身手矫捷地冲出车子，奔过去把她拉住。

小眉的力气还挺大，一边用力想要挣脱我拉住她手腕的手，一边大喊你别管我。

我这没怎么做过力气活的人还真有点扛不住她的挣扎，情急之下我只

终于等到你，还好我没有放弃

好一个耳光挥了过去：你看看！你这样像什么！

小眉倒是被我打安静了。她由得我把她拉上了车，但是又大哭起来。

不就是被一个渣男踹了吗？这是重获新生你懂不懂？我把车门牢牢锁住，以防她忽然爆发起来跳车。你问问你自己的心，他说的话，你真的信吗？如果你真的信，那是你蠢。如果你不信却任由自己陷下去，那是你活该。

他对我是有感情的。小眉分辩。

人啊，就是一种犯贱的生物。比如每天都是乌云的话，偶尔闪过一道阳光，你都觉得是恩赐。他明明就是乌云，但是他对你的好就成了偶尔的阳光，明明是他负了你，你却还觉得是恩赐。就像你本来有钱到可以买下一家麦当劳，但是有人拿走了你所有的钱，让你连甜筒都买不起，但是你非常非常想吃甜筒啊，结果有天他给你买了一个甜筒，你觉得，啊，这人对我真好……

小眉又说，江北说他还是爱我的，结婚只是家里给的压力没法不照办，说结婚不结婚我们还继续。

你不会答应他做三儿吧？我急了。

没有。小眉用力地擦着眼泪。我是爱他，但是他已经结婚了。我再下贱也做不出来婚内插足的事情。何况，他都结婚了还来找我，这不是爱我，这是作践我，这点道理，我还是懂的。

这才对。我大力点头。

在感情的道德底线上，你若根本不够他的级别，就该躲得远远的，别作践自己。就像阿紫一样。

想当年，阿紫对王俊也是痴情到骨子里，对王俊的斑斑劣迹各种原谅。她拿刀片往手腕上招呼过，深夜坐在高楼的边缘烂醉过。但当她发现人总得更爱自己之后，对王俊百般容忍了的她，明确地说出了分手，分得光明磊落，手起刀落，说断就断，绝不痴缠。

反而是王俊，自作孽不可活，却又拿不起放不下。

分手后，捱到第三个月，他实在捱不住了，又巴巴地跑回去想要重修旧好。

而阿紫说，王俊，我和你，今生今世，到此为止了。

在旁边观看全过程的，忍不住啪啪啪地拍了手。

当心灰了，意冷了，再浓烈的爱也不能延续。王俊已经祸害不了阿紫，因为她对他完全死心。

曾经有多深的爱，死心后就有多无感，绝不会回眸相送十八里。

小眉不肯回家，也不肯去见阿紫，我只好把她安顿在我家的客房，然后通知阿紫天亮了再来看她。

我说，小眉，你必须明白，再爱一个人也必须学会接受他并不爱你。

我现在暂时觉得没脸见他们。我是真想逃避个一年半载的。小眉说。

逃避有什么用呢？当年王俊和阿紫分手时，阿紫也曾经逃避，欧洲四日游。

因为王俊曾经说过，他们的蜜月旅行就去欧洲游。后来王俊倒是去了，但是去欧洲时身边陪着的，不是阿紫。

对阿紫，王俊是有着真心的。但莺莺燕燕主动贴上来，要拒绝需要一定的定力，王俊没有定力，且非常享受这种自尊上的满足感。

阿紫说，那就算了吧，要守护的人只有一个，要对付的敌人却有千军万马，只有千年做贼的，没有千年防贼的，我累得不行。

小眉说，妍姐，你觉得，我真的能像我姐那样，从这段感情里最终抽身吗？

当然能，为什么不能。只要不做人家感情的影子，而是光芒万丈地站在自己的主场，让不懂得珍惜的人去追悔去叹息。如果他发现失去了你是他一生的痛，那是他自作自受。如果他不觉得失去你有什么重要，那他也不值得你惦记。

你只要好好地，幸福地生活下去，就是对他最大的报复了。

我相信，小眉能像阿紫一样，遇到一个好男人，一心一意地诚恳地爱着她，百年好合。

阿紫的老公，不高，不帅，不富，不浪漫。但是，他从不让阿紫疑心，也不让她伤心。

这就是爱情最好的状态。

疼痛过的人，才明白什么是温柔。被爱伤过的人，才明白什么是真正的爱。当你终于跨过疼痛和泪水，学会了应该怎么去爱人，也学会怎样才是正确的被人温柔以待倾心相爱的状态，就一定会遇见幸福，会遇见一个好的人。

这个人不会再让你流泪。他会遗憾错过了你以往的岁月，他会十万个愿意陪着你一起往前走，直到白首。

小眉拿出手机，删掉了江北的电话，也拉黑了他的其他联络方式。纵使会有些舍不得，那也是不得不做出的割舍。她的神情有一丝惆怅，但更多的是坚决。

人生有很多个方向。爱的继续却只有一个理由，那就是幸福。

我确定，她一定会幸福的。

因为，好姑娘就该光芒万丈地，生活下去。

千万不要和消耗
你的人在一起

女孩子，千万不要用你的心去暖一块冰。即使暖化了，化开来的水，也都不过是你的泪。

陈佳在朋友圈里发了婚纱照，还别出心裁地用了民国时结婚证书上的句子：婚喜今日赤绳系定，珠联璧合，卜他年白头，永偕桂馥兰馨，此证。

我点进去评论：姑娘，你老公挺帅啊，像侧面版吴彦祖呢。

她回复我：过日子呢，男人重要的并不是样貌身高，而是有没有担当——当然，像我老公这样长得赏心悦目又靠谱的，就更好了。

这丫头，这是彻底从上一段大撒狗血撕心裂肺的感情里走出来了呀。

真好。

终于等到你，还好我没有放弃

三年前，陈佳按响我家门铃的时候，膝盖上擦破了一块皮，头发散乱着，左手腕扭伤了，右手还提着一个已经被扯破了的塑料袋。

被家暴了？

虽然陈佳的男朋友对她一直是很温柔的模样，但这确实是我第一时间闪现脑海的念头。

陈佳是我同事，恰好也租住在我隔壁的小区，算是半个邻居，来往也比较频繁。

她和她男朋友王伟是大学时在一起的，毕业分手季，大部分情侣都分道扬镳，但是他们两个认定了彼此，决定永远在一起，准备毕业就结婚。

这个决定使得陈佳家里刮起了风暴。简单说，王伟等于凤凰男，陈佳家虽然并不是富豪，但也算是二线城市的小康水平，就陈佳一个独生女，很害怕她嫁出去吃苦。

而双方家庭谈婚论嫁的细节，更是让陈佳的父母崩溃。王伟的妈妈说，我家本来就不富裕，如果娶个媳妇要我们砸锅卖铁，那这样的媳妇也不适合我们小伟。

王伟家的条件是，没车、没房、聘礼一万，你们爱结不结。

陈佳父母说，我们不是在乎钱，而是对方这种态度，你嫁过去就是吃苦的。但真的是爱着王伟的陈佳坚持要嫁，结果陈爸爸被气得血压突突突地升，直接进了医院。

等在急救室外时，王伟说，既然已经到这一步了，当然就要坚持到底，干脆把证领了。他说，佳佳，你相信我，我爱你，我们以后自己努力赚钱买车买房，我会给你全世界最璀璨的钻石，让你可以骄傲地向你爸妈炫耀。

而陈佳妈妈说，我不逼你们分手，但是我希望你们能等三年，三年后，再决定结婚的问题。

　　陈佳思考了很久，听从了她妈妈的意见。

　　陈爸爸出院后，陈佳追随王伟到了这个对她而言完全陌生的城市。

　　虽然结婚的事情横生波折，但他们的爱情还是很坚固的，对未来的人生也充满了信心，打算尽快买房子好结婚。

　　但首付必须由自己存下的压力对于工薪阶层还是巨大的。王伟在软件公司工作了一年后，辞了职，和同事一起组建了一个科技公司。开公司必须有启动资金啊，王伟家的亲戚自然是借不到钱的，陈佳还找亲戚朋友借了一些钱，帮助王伟开始创业。

　　在王伟创业前，他的工资都是直接交到陈佳手里的，但开始创业了，事情就掉了个个儿，陈佳的工资全部直接划给到王伟以维持公司，王伟按天给她零钱买菜，甚至想要买双袜子都得向王伟开口。

　　王伟创业开始，陈佳就忙碌起来。

　　虽然长得小清新，但陈佳骨子里是那种很独立的女生。忙完白天的工作，回到家里还要买菜做饭洗碗扫地，包揽一切家务，因为王伟是没有上下班时间的——创业，就是这么全力以赴，分秒不会离开电脑。任何一个QQ信息都可能是业务点。如果王伟很晚才睡，她也不会催他，自己先默默地睡了。有的时候，王伟叫共同创业的哥们来家里聚会，她会很自觉地为他们准备好酒和菜，然后自己一个人到房间里去安安静静地看书。

　　我曾经说，王伟是上辈子做了什么好事啊，这辈子能找到陈佳这么好的媳妇。但陈佳说，他是为了让我能够过得更好，为了兑现在我爸病房外的诺言而逼迫自己前进的，我才是运气好的那一个人。

终于等到你，还好我没有放弃

而运气好的陈佳，居然在大雨瓢泼的周末下午，像被家暴了一般，出现在我面前。

找出医药箱给她处理了膝盖的伤，往她扭伤的手腕喷过云南白药，我再煮了两杯皇家奶茶放在茶几上，然后问她：怎么了？

陈佳怔怔地发了一会儿呆，终于小声说，我去买菜，过马路的时候恍神，被车擦了一下。

她又说，妍姐，我太累了，我想和王伟分手了。

我一直以为陈佳和王伟的感情和现实，是让人心生佩服的相拥取暖、雪中互相为彼此暖热心口的炭火的模样，一如平时陈佳表现出来的那样幸福。

但旁人眼中看到的所谓真实，不过是旁人自己在脑海里演绎的故事，却未必是当事人的事实。

陈佳说，有那么多的不如意想说出来，想要改善，想要和王伟沟通，可是他永远都有一个简单粗暴的逻辑——"你不过是嫌我穷"——这样似乎正义有理的话语模糊了陈佳的感受，否定掉陈佳遇到的所有问题和无奈。

而她的心，是如何从最开始的满是期待和激情，到后来的只想躲避逃离，他无从知晓，也不想知晓。

两个人过日子，即使对对方再在乎，再爱，有些小摩擦小情绪也是会潜滋暗长的。若你对此放任不管，任其发酵发芽，盘根错节的纠结之后，这些小问题最终会在爱情里缠绕成一团乱麻，除了利剪，再无解法。

王伟是个在细节上异常讲究的人，怎么讲究呢？比如他坚持衣服手洗一定比机洗好，地板不应该用拖把而应该跪在地上用毛巾一寸一寸地擦，衬衫必须熨烫且线条一定要烫出来。

但他从不亲自动手。

我也曾经诟病陈佳太宠着王伟，租来的房子，好好爱惜就足够，为什么需要陈佳下班后跪在地上细细擦拭？洗衣机能让人轻松太多为什么不用？他不是号称创业吗？言必称马云当年如何落魄也创出来了，马云当年让老婆烫衬衫还仔细检查工整度了吗？

对于我的吐槽，陈佳惯例是温柔地笑笑，说，他觉得看着我做这些事情时候的模样，像是自己有了一个真正的家。

初时，陈佳也觉得，自己真的成了王伟的老婆，两个人终于营造出一个温馨的家了。

可是什么时候，开始觉得心里有着隐约的酸楚呢？又是什么时候，发现那酸楚已经累积太多，把爱情腐蚀出了正在蔓延的细缝呢？

大概是从寒冷的冬天，王伟在电脑上边玩着游戏边等着项目上门，而陈佳手洗完衣服，冻得僵硬发红已经失去痛觉的手怎么用力都拧不干王伟的大外套的时候吧。

也可能是陈佳生日的那天，王伟早起说了句"生日快乐"后就再无表示，陈佳婉转地提出能不能出去吃顿饭时，王伟说"你怎么这么虚荣"的时候吧。

还可能是拿着微薄的钱去买菜，算计着该吃什么才最省钱，该买什么才最划算，平安夜想给自己买个苹果吃，但想到王伟抱怨花钱太多，即使反复回到了苹果摊前几次，却终于还是没有买的时候吧。

陈佳说着这些，语气平静，表情麻木，倒是我，眼泪居然流了下来。

一个女孩子，每月赚得到五千的工资，却卑微地在苹果摊前一再渴望的心酸，看过卖火柴的小女孩的人，都能对此有所了解吧。

终于等到你，还好我没有放弃

王伟创业一年多，其实没有什么进项，就靠着陈佳的工资过日子。当初让陈佳找亲戚借钱时承诺的归还日期早就过去了，他却像失忆一般，没有任何表示。

亲戚去找了陈佳的爸妈，他们用自己的积蓄替陈佳还了这笔钱。

我妈妈过五十大寿，我都没有钱给她买点东西，甚至没有钱买车票回去给她贺寿，她寿宴上，亲戚们问女儿去哪儿了，我妈当时就哭了，还让我爸瞒着我，是我二姨告诉我的。陈佳说，我知道日子必然艰苦，但是我没有想到会有这么苦，更没有想到根本看不到头。我愿意陪着王伟贫苦一生，但是我爸呢？我妈呢？我怎么去面对我的家人？我怎么能拉着我爸妈跟我一起吃苦呢？

可是，如果我现在离开，是不是就表示，我真的是个虚荣的人，不能和王伟同甘共苦？

我摇头。王伟不是没有对陈佳好的时候，但是这一点好，在他让陈佳受的委屈里，根本不值一提。

我说，姑娘，你已经过了勉强自己取悦他人的年龄区间，你该和他谈一谈，能不能去好好找份工作先妥善照顾好他和你的这个家。

如果不行，请让他滚。

陈佳和王伟还是分手了。

我开心地约陈佳出来吃饭庆祝。

是的，我特别期待陈佳能够摆脱王伟——真正的潜力股，即使一时失意，也不会把倾心相对的爱人榨取到尽，王伟不是。他不值得陈佳在他身边陪伴着他，不抱怨不诉苦，他根本没有把陈佳的爱当做他最珍贵的压箱宝，而是转换成了换取自己权益的消耗品，这样不懂尊重不爱护对方的人，就该随他去吧。我深信，陈佳值得更好的。

这个时候的陈佳，自给自足，心灵上和经济上都没有负担，享受一个人的自在，看起来整个人都有气色多了。

那曾经驱使她追求幸福却最终让她遍体鳞伤的所谓爱情，已经不再能够消耗她。王伟曾经承诺的"努力赚钱买车买房，会给你全世界最璀璨的钻石，让你可以骄傲地向你爸妈炫耀"，看穿了，不过是虚应陈佳的权宜之计而已。

钱不重要，车不重要，房子不重要，钻戒不再重要，能不能向父母炫耀更不重要，重要的，是和你过日子的那个人的那颗心。

陈佳认识了一个男生，家境相仿，工作不错，对她也很好，情人节捧着九十九朵玫瑰站在公司楼下等她下班，惹得我们一帮长舌妇围观羡慕。

陈佳在朋友圈发了玫瑰的照片，和情人节旋转餐厅的烛光晚餐。王伟跟着特别矫情地发了条朋友圈，配图是一碗方便面，写着"爱情都是消耗品，而我不是富豪"。

陈佳这一次拉黑了他。

三年后，陈佳准备结婚了，对象不是王伟，但她说很幸福。

她说，我终于明白了，女孩子，千万不要用你的心去暖一块冰。

即使暖化了，化开来的水，也都不过是你的泪。

是的，爱情可能是消耗品，但你不是。消耗你的人，绝不会是超现实的英雄。他的所作所为只会刻着"自私"的印记，即使用爱情裹上糖衣成为伪装，也不过是国王的新衣，本质上的残酷和恶意绝不会改变。

所以，姑娘，千万不要和消耗你的人在一起。

无关虚荣，只关真心。

终于等到你，还好我没有放弃

我对你有点动心。
I have a crush on you.

真爱过的人很难再恋爱。
People who truly loved once are far more likely to love again.

我不想要你将就，我也不想成为将就的对象。
I don't want to be someone that you're settling for.
I don't want to be someone that anyone settles for.

在遇到梦中人之前，上天也许会安排我们先遇到别的人。
Maybe God wants us to meet a few wrong people
before meeting the right one.

幸福的能力
首先自己要具备

有没有婚姻，真的并不重要。如果需要靠婚姻才能拯救幸福感，那么就算结了婚，你也一样不幸福。

过年回家，肆肆毫无意外地直面了三姑六婆七亲八戚的关照：对象找了没啊？已经快三十了就不要再挑剔了。年纪大了生孩子很吃亏的。工作再好也抵不上有个自己的家靠谱啊。不赶紧绑定一个优质男人怎么保证未来生活无忧啊？不养儿以后怎么防老啊？你这姑娘别不听我们的好言相劝啊，不然老了有你受的。

肆肆摆着礼貌殷勤的笑容伺候着，是是是、好好好应得痛快：一定尽快给您发喜帖哟。

关上门送走亲戚们，肆肆爹妈问：准备结婚了？

肆肆笑：哪能啊，静静姐还没离婚，我哪敢结婚啊。

静静是刚刚离开的意见最多的三姑妈的女儿，二十九岁相亲成功嫁了个三姑妈逢人必提的公务员女婿。

但三姑妈从来闭口不提的是，静静的老公只给钱养家，但不顾家，不带孩子，还外遇不断。

三姑妈像是根本看不到这些，女儿嫁得公务员，又生了个儿子，没有留在家里像肆肆一样成为亲戚间的担忧，已经足够让她有了骄傲炫耀的资本，至于女儿幸福不幸福，她好像不知道，也看不见。

有了这前车之鉴，肆肆的爹妈倒是不再催逼她赶紧结婚了，只是偶尔也念叨一下，遇到合适的，还是可以发展一下的。

肆肆没有告诉爹妈的是，她有对象，谈了五年。男朋友齐越是她大学同学，毕业后两个人同在一个城市，租了一套两居室，肆肆、齐越和房东商量后，自己进行了全新装修，把它布置得能满足两个人生活的所有美好需求。没有孩子，没有长辈，日子快乐又逍遥。

但肆肆最近分手了。齐越想结婚，肆肆不想结婚，拉扯良久，终于还是肆肆先失去了耐心。她说，我不耽误你，我们分手吧。

好友薄荷问她，你不爱齐越吗？

如果一定要分爱或者不爱，我爱他。肆肆说。但是爱一个人，一定要用结婚来证明吗？

这个问题，我也回答不了。就像齐越反问的，如果爱一个人，为什么不能用结婚来证明呢？

肆肆说，我理解齐越，他是独子，他妈天天催着他结婚生孩子过日子。

终于等到你，还好我没有放弃

但我，我不想要孩子，也不觉得结婚是件必要的事情。爱情，是两个人内心的东西，而婚姻有太多世俗的外在东西，它们滤出的渣子，会把爱情刺得遍体鳞伤。

分手后，齐越开始相亲。据说很快就相成功了一位淑女，已经把结婚提上日程。

薄荷说，你不觉得舍不得吗？

肆肆摇头：我以为我和齐越携手走过的岁月是不可替代的坚固感情的最佳保障呢，谁知道随随便便地我就被秒杀了，说不惆怅肯定是骗人的，但我们要的东西不一样。既然目标和感受不一样，即使一起往前走，走再远也总会遇到那个背道而驰的点的。不管怎么说，分手总比离婚压力小点吧。

可是你已经二十九了。薄荷说，如果一直找不到那个和你目标、感受都一样的人，是要到三十九岁还独身吗？

我只是不想三十九了还要面对不如我意的人生。太多人因为害怕改变，害怕过了这村就没这店，害怕未来遇不到更好的，于是不敢对自己有希望，于是宁愿将就，宁愿忍受，宁愿委屈自己的心。肆肆仰头看着明媚的阳光。她说，我不怕孤独终老，因为，即使会孤独，我却不寂寞。

齐越结婚前夜，发了条微信给她：她很好。但她永不是你。

肆肆把微信给薄荷看，笑容浅淡，像是讲一个与己无关的故事。她说，我同情齐越的妻子。我不明白为了得到婚姻，她为什么要忍受这么不公平的比较。我也不明白为什么为了得到婚姻，齐越要忍受这么不堪的爱情。

不过，所有的生活都是合理的，我们没必要互相理解。

肆肆说，我替齐越开心，真的。旁人看过去，他们应该会是一对非常相配非常和谐的夫妻吧。他们目标重合、方向一致，彼此都很清楚过日子靠的不是爱情而是感情。他们一定会有很可爱的孩子，应该还不止一个，然后像我们看到的大多数的夫妻一样，琴瑟和谐，举案齐眉。

求仁得仁，是为幸福。

绝无仅有的人生，请选择自己喜爱的方式生活吧。

肆肆把签名档更新成了这句话。因为说着这句话的时候，她总是会问自己——你心里真的没有一点阴影，蜷在你尽力忽视的角落吗？你真的不担心那块阴影膨胀蔓延，最终覆盖住你的生活，举步维艰吗？

每个人都想选择自己喜爱的生活方式。但从来就不是自己想选择，能选择的。

选择的自由，在于有没有基础。

简·奥斯汀在《爱玛》里有一段句子：我衣食无忧，生活充实，既然情愫未到又何必改变现状的状态呢。放心吧，我会成为一个富有的老姑娘，只有那些穷困潦倒的老姑娘才会成为别人的笑柄。

肆肆告诉自己，必须要有不会沦为笑柄的把握。她开始仔细地梳理和规划自己的生活。

一个人怎样优雅地面对老年后的生活？这个问题，似乎有人给了比较全面的回答：要有对旁人的热心建议和窃窃议论不在意的自信；要有在职业变动时能够养活自己的一技之长；要有足够的财务自由；要有自己的房子；要有全面的商业保险；要有自己的爱好；要有能在紧急情况下立即联系上并提供帮助的亲人或朋友；要有自己应对一切寂寞的强大的内心。

肆肆一条一条比对着，一点一点地稳固自己的优势。她努力工作，升职加薪，权衡了自己的优势和能力后，她考了 NAETI 证书，又开始考

CATTI 证书。

然后，她仔细考察，付首付买了一套小公寓，一室一厅，保安完备，地段理想。

三年时间，肆肆过了自己的三十岁，仍然一个人生活，却越来越觉得充实。

她有能养活自己的能力和稳定的工作，她有自己的专属的家，她有爱好，有朋友。最重要的是，她有坚定的心态，她明白自己并不是被"剩下"，而是主动选择了更让自己内心快乐的生活方式。

一个生活丰富充足，自己赚钱自己花的女生，在气质上就和那些甘于为了婚姻埋没自己的女生有了根本的不同。

肆肆的感情生活虽然暂时空白，却并不是没有人追。她的择偶范围比为了结婚而寻找男友的人宽了太多。比她小着六岁的小鲜肉、成熟的钻石王老五、合作单位的单身高管、旅游时遇见的驴友，都对她表示了好感和爱意，想约她吃饭，得提前几天预约排队。

有时候肆肆爹妈也会念叨几句该解决个人问题了。但他们的着眼点还是放在了怕肆肆一个人孤单寂寞上，而不是像三姑妈一样担心没有公务员女婿养家闺女的生活质量就会直线降低到谷底。而过年过节遇到三姑六婆七亲八戚对于她个人问题的关照，肆肆依旧拿最殷勤的笑容伺候着，不反驳不辩解，礼貌周到，灵魂出窍。

真正人格独立财务独立的女生，其实对于剩女不剩女的，是不在意的。恐慌来源于对未知的不安，而当她自己就可以面对所有未知，且自信自己一定能解决任何骤变，就真的可以活得自由，爱得自我。

齐越发微信告诉肆肆他离婚了的时候，肆肆叹息了一分钟。

她回复了齐越一句节哀顺变。

齐越打来的电话在三秒钟后响起。他对肆肆说，你还是一个人吗？我觉得，还是你最适合我。

肆肆只说了一句节哀顺变，然后挂断了电话。

她把齐越所有的联系方式都拉黑了。

扔掉的东西，就是扔掉了。而会被扔掉的东西，本来也是不重要的东西。这个道理，齐越好像还不明白，但肆肆已经明白了。

曾经，她被齐越扔掉过。现在，她也觉得，该把过去扔掉了。

因为，不和过去说再见，就无法更好地奔向未来。

肆肆的未来伴侣，是一个有目标、有计划、高效率、有清晰的目光和定位的人。他是肆肆参加的 CATTI 证书考试特训课程的老师，把普通的白衬衫穿得如同十六岁少年般清俊，却又有着三十岁男人该有的成熟、稳重和智慧。

肆肆一开始就被他迷住了，但追求他的女生真是不要太多。肆肆环顾各种潜在竞争者，年轻过她的有之，美貌过她的有之，气质过她的有之，身材过她的有之，智慧过她的有之，家境过她的有之，热烈过她的亦数不胜数。肆肆并不妄自菲薄，但也不觉得有豁出自尊去争抢的必要。

即使他再优秀，抢回来的爱情，终究略苦涩了那么一点。

结果，反而是他主动向肆肆提出了约会，在肆肆完成课程的那一刻，他说，我和你已经不是师生关系，我没有职业道德需要遵守，请允许我约会你。

肆肆问，为什么是我？

他说，你身上有光。

肆肆说，我是不婚主义者，但我也是爱情至上主义者，你觉得矛盾吗？

他摇头，浅笑。

人的幸福感受，由情感幸福和认知幸福组成。情感幸福是你感觉到的自己幸福的程度，是感性认识。而认知幸福是理性认识，它是你衡量自己是否幸福的标准。不管哪一个，都取决于你自己的生活状态和生活态度，有没有伴侣以及伴侣是恋人还是配偶，并没有那么重要。重要的是，你知道自己想要什么生活，也能让自己得到想要的生活状态。

他说，你一定已经达到了这样的状态，所以，你是一个幸福的人。你的幸福来自于你自己，而不是来自于有没有婚姻，也不是来自的伴侣是不是我。这样的你，让我着迷。

肆肆发了个微信：我装好投影了，要不要一起看个电影？

很快的，肆肆收到了微信回复：红酒交给我来选。

肆肆环顾自己的小公寓，低调精致，舒适温馨，一切一切，都是自己想要的，自己满意的样子。

有没有婚姻，真的并不重要。如果需要靠婚姻才能拯救幸福感，那么就算结了婚，你也一样不幸福。而如果你具备了自己幸福的能力，那么有伴侣还是没有伴侣，伴侣是让你开心还是不开心，你都可以平衡生活，过得如自己希望得那么好。

所以，最重要的是，让你幸福的能力，是自己保障自己，自己给予自己的。你要清楚自己要的是什么，并为之付出相应的努力和坚持。

因为，幸福从来与人无关。

没有爱，要婚姻做什么

没有很多很多的爱，又没有很多很多的钱，那这个婚，我结来做什么？我已经过了三十岁了。我人生的一半，而且是最美好的永不复回的一半已经过去了，我不能再浪费了。

我去接沈冰的时候，距离我们约定的时间已经过了十分钟，沈冰并没有做好出门去参加同学聚会的准备，而是还在忙着整理客厅。她弯着腰拿着拖把一下一下地拖着地，后退时撞到了桌子的角。

她忽然扔掉拖把，大哭起来。

我赶忙冲过去把她扶起来再让她坐到沙发上，一边给她揉腰一边问：很痛吗？要不要去医院？

她摇头，哽咽着说，并不是痛，而是实在压抑不住了。她说，我最近

终于等到你，还好我没有放弃

一直在想，我是怎么样一步一步地，把我的生活走到这样的绝路的？

我看着沈冰并不像黄脸婆的脸上满溢的泪水，想起十六岁时站在夏日正午的阳光里，对着篮球场上的郑凯大声说"我喜欢你"的样子，真切地感受到了时光荏苒的重量。

郑凯是沈冰的初恋，也是她人生持续最久的一段恋情。和沈冰分手后，她和她现在的老公谈起了办公室恋情，两个人交往一年后，结婚了。

我记得她在婚礼前夜的聚会上对我说，她非常感激她老公，因为他扔给了她一根救命的绳子，拖着她爬出了永无止境的孤单心痛，从此另一种不同的人生开始变成可能。

可是一年后，她坐在属于她的家里失声痛哭。

在旁人眼中，沈冰的老公是个实打实的好男人好老公。他憨厚，踏实，工作稳定，不会跟小姑娘眉来眼去，还会给沈冰做饭。

但在沈冰看来，她老公对生活缺乏最起码的热情。他下班回到家，做好饭吃掉之后筷子一扔，就去书房对着电脑到睡觉。他不做家务，不收拾东西，最习惯把东西随手一放，堆在一起，要用的时候再去翻找，翻完之后再随手一扔。沈冰收拾了屋子，试图让家里变得整洁，还被他说穷讲究，影响他的生活。

最让沈冰痛苦的是，他拒绝和她沟通。沈冰是抱着两个人琴瑟和鸣地过日子、老了也能牵手共看夕阳红的想法结婚的，结果蜜月还没过，她就发现，他要共度余生的是手机和电脑，至于有她没她，对他不重要，只要在亲戚朋友那里有"负责任地结了婚，好好在过日子"的既定印象，她就没有其他意义了。

他和沈冰的三观也有很大的区别，结果就是任何话题，一旦认真，他们就会杠起来，看个新闻他们都能因为世界观的不同而争吵，聊天等于展开一场损耗心力的、为了反对而反对的活动。

沈冰试图改变这种情况，她找他谈，他闷声不响地听着，听完了起身去电脑边坐下，第二天依旧我行我素。沈冰再找他谈，他就不再心平气和，而是开始甩脸色，不耐烦，吼她矫情。

两个人连基本的沟通都封闭掉，家就成了一个巨大的活死人墓。沈冰失去了对家庭对婚姻的安全感和热情，也开始封闭自己，和老公基本零交流。

她就想不明白，她结婚什么都没要，老公家也什么都没给，房子是老公父母的名字，工资两个人差不多，日常生活支出由老公负责，沈冰就自己买花自己戴。结果老公常常说她败家，说她爱花钱，说他养着家而她毫不感恩。

最近让沈冰心塞的是，老公开始念叨，她陪嫁没有陪一辆车。他总说他们同事谁的老婆家有钱，丈人负责买房买车把女婿供起来倾情奉献，他就连一辆车都没有。沈冰气哭了说多少姑娘要求男方有车有房才肯嫁呢，结果她老公说，那你去找有房有车的啊。

沈冰说这日子没法过了，她父母倒劝她，老公又没打她没虐待她，还肯负责养家，能忍就忍吧，已经嫁了，就学会知足吧。现在离过婚的男人比离过婚的女人吃香多了，沈冰离了，是残花败柳的大婶，而她老公还是小姑娘眼里的鲜活大叔呢。

有人说过，婚姻等于二次投胎，多少好妹子选错了。沈冰变得常常问自己，是自己不够知足吗？后悔结婚吗？现在这样毫无盼头和热情的生活，真的是自己想要的吗？如果不是，她有勇气解脱，敢面对离婚吗？

失恋后的她迫不及待地开始一段新恋情，以为找到了逃离孤单的救命绳索，却不过是一根稻草，当它最终折断时，再跌入的，是更黑更无望的深渊。

同学聚会，沈冰终究擦干眼泪后去了。和多年不见的高中同学言笑晏晏，看不出不久之前，她恸哭烦乱无助的影子。

人生本来就是可以装得很假的。大部分人都是超越职业演员的高阶经验者，能演出一幕幕光鲜亮丽以掩盖穷形尽相，却不去细想为什么要粉饰太平，也不敢去想。

过得几天，终究是不放心，我约沈冰见面。

一改几日前的颓废，她整个人都不一样了，容光焕发，春风得意。

以前她从不穿太鲜艳的衣服，在她那个以安全稳重为第一要务的单位，着装的准则是端庄保守。这几年来，我是第一次见到沈冰穿枚红色的衬衫，配着黑色的伞裙，腰线完美地被勾勒。她的妆也比往日要浓上五分，和她眼神里的晶莹光芒倒是很相得益彰。

怎么了？你老公痛改前非，重新经营你们的婚姻了？我八卦。

她说，我想通了。

我以前觉得过日子当然安稳第一，找个老实本分的人就已经比很多人幸福了，但是现在我发现，亦舒那句话说对了——没有很多很多的爱，又没有很多很多的钱，那这个婚，我结来做什么？

她撩一撩头发，继续说，我已经过了三十岁。我人生的一半，而且是最美好的永不复回的一半已经过去了，我不能再浪费了。

怎么个不浪费法呢？我看她。

她说，我要改造我的生活，我要重新找到爱情，还要去体会那些生活里闪光而美好的东西。我不会再让自己困于家务，我要重新开始制订阅读计划，每个月都要看几部新的电影，要去学瑜伽，保证自己的健康，要学烘焙，能够自己做出好看又好吃的东西，我要让自己的精神饱满活跃，不再因为婚姻的苍白而甘于心灵的贫瘠干涸，我会成为一个精神丰富，内心饱满，外表精致的成年女性。

这样很好，有目标的人总是比较快乐，比较精神焕发，被困在苍白婚姻里的沈冰并不幸福，她确实需要改变。但我总觉得，沈冰的立意改变里，有着更深沉的欲望和理由。

忽然的转弯，一定有着诱因和触发点，我虽然不知道是缘于什么，但是她要丰富自己是没错的。

爱自己，什么时候开始都不算迟。如果生命里的光源被隔断，就自己砸开隔绝光源的屏障，找到自己的流光溢彩。

后来我知道，沈冰是恋爱了。

她的对象，还是郑凯。

在同学聚会上，沈冰和郑凯在分手两年后重逢。使君有妇罗敷有夫，但这并不妨碍两颗心里还未完全化成灰烬的爱火又复燃。

活到人生的一半，感觉到现实的惨痛和失望，被困于无聊的婚姻，以为已经失去爱的能力和投入去爱的机会，却和人生最初最真最忘不了的人重新拾回心动，这个概率我不知道有多小多珍贵，但我总觉得，即使现实苍白，有些原则，还是应该遵守；有些教训，还是不该遗忘。

曾经因为郑凯而逃入一段错误婚姻的沈冰，却忘了自己面对爱情和爱情之后的伤害时可以多盲目。她和郑凯在聚会上交换了微信之后，几乎半天都没有空白，就开始了你来我往的联络交往，轰轰烈烈地燃烧起来。

我认同沈冰因为爱情而想要让自己更好地改变，但是我不能认同她和郑凯的婚外恋。即使沈冰认定这才是真爱，隔着人海再度重遇就是缘分。

可是缘分也得分好的和不好的呀，好的缘分，那叫桃花运，不好的缘分，就是孽缘啊。再惊天动地不可分割的爱，中间夹杂了另外的人的人生和尊严，就是孽债。

但沈冰不听。她被失而复得的狂喜绑架了，决心要守护住这一次的缘分。她找回了早已失去的岁月，那曾经以为再也不可复得的花好月圆。所以她努力让自己变得更好更美，以完满曾经失去的缺憾。任何质疑和劝阻她和郑凯的话，她都听不进去，她又一次盲了眼盲了心。

她说，我已经失去太多了，人生也该补偿我了。如果没有结果，我们为什么又要相逢呢。

我也只能无言以对。

沈冰和郑凯的这段关系持续得比我以为得久，但却也没有久到白头。

两年三个月后，沈冰问郑凯，你什么时候离婚？我们什么时候结婚？

郑凯说，你先离，我马上。

沈冰把这太过于常见的推诿之词当作了承诺。她效率超高地离了婚。除了自己婚前的存款，她什么都没要。

在民政局签完字，离好婚，回到家里后，沈冰去收拾自己的东西，而已经成为前夫的老公照例泡了杯浓茶，打开了电脑。没有孩子，她和前夫就像偶尔撞了次车一样，走过理赔程序之后，甲乙双方就再无关联，热烈过然后相隔整个人海，永不相见。

沈冰看着他的背影，感觉到了解脱的轻松，而没有曾经所担忧的离婚后对现实的恐慌。她有郑凯，有越来越光鲜亮丽的自己，有理想的婚姻和未来。

可是当沈冰欢喜地告诉郑凯她已经离婚，询问郑凯准备什么时候和自己结婚时，郑凯说，我和我老婆的娘家在工作上、经济上都盘根错节，我还有个儿子，你是不是太轻率了？

沈冰哭起来，郑凯摔了门，走了。

不是所有的久别重逢都是纯真爱情的倒带。我们都曾经是旧时光里最诚挚真心的少年，然后我们长成了大人，所谓的初心还留下几分，谁也不能保证。

十六岁时可以为你捧着玫瑰和真心风露立中宵的人，不见得三十六岁时就一定不会为了自己的利益而把你卖了。

什么都会时过境迁，唯一恒久远的除了钻石，还有记忆里过度美化的旧爱。但他只能存活于你的记忆里，隔着时空和时光鲜艳。如果穿越到已经物换星移人事已非的现在，只会像长久夹在书里的枯叶，一碰就碎，风吹过，就散了。

沈冰想起十六岁那年夏日正午的阳光里带着篮球三步上篮的郑凯，那光线这么多年依旧刺在她的瞳孔里，一想起来，眼睛就会酸涩到泛出水光。上篮，投球，得分。篮球从篮筐里落地，弹跳几下，发出巨大的孤单的声响，像她的心碎声。

若不能朝夕厮守，谁要那春风一度。

沈冰和郑凯再一次断了联络。失而复得的爱情，又得而复失。

终于等到你，还好我没有放弃

郑凯像一个天赐给沈冰的骑士，带着她冲破桎梏，却最终显出了原型——他也只是一根稻草，被沈冰误认为能把她拉出婚姻泥潭的救命绳索般的稻草。

沈冰从此再也没有提起过郑凯。她也没有提起过前夫。最重要的是，她没有再像从前一样盲目，随手去捞救命稻草，试图以别人的力量来挽救自己的寂寞。她终于明白，如果自己的心不够坚强，那么问题是不会解决的。要从一段已经结束的关系里走出来，最重要的是心有没有留在过去，如果心不自由，过去就还没有过去，那些曾经会一直一直绑架你，影响接下来所有的路。

她给自己划定了一个空档期，为期十五个月。在这段时间里，她不再把关注点放在爱情上，试着一点一点地和孤单的自己相处、相亲、相爱，最终完善自我独立所需要的那一部分。

她去旅行，像自己曾经计划的那样，制订阅读计划，每个月看几部电影，学瑜伽，学烘焙，还学了韩语。

渐渐地，她发现一个人的时光，并不是那么寂寞到让人发狂的空虚，反而她越来越享受和自己相处。静下心来，她把过去全部扔掉，端正态度，重新开始生活，成为一个精神丰富、内心饱满、外表精致的成年女性。

三十五岁时，离婚单身的沈冰身边，有了一个有着英俊面容又不失幽默睿智，能赚钱又会享受生活的金融优质男相伴。

但这一次，沈冰没有急着结婚，她已经不需要用能不能嫁出去来确认自己的价值。她不再期待生命给予自己回报。想要的，她知道自己可以一点一点去靠近，去得到。

就如李银河所说，如果你很想结婚，那就不一定非要等到爱情不可，跟一个仅仅是肉体的朋友或者仅仅是精神上的朋友结婚也无不可；如果你并不是很想结婚，而且一定要等待爱情，那你内心要足够强大，要做好终身独身的准备，因为爱情发生的概率并不太高。

寂寞不是心态，寂寞是人生的常态。

而，谁能许你长相守？

终此一生，最可靠的还是自己。

唯有你，方能许给自己最好的光阴，和永不背弃的欢喜。

未曾长夜痛哭，
不足以语人生

谁的人生都有如墨一般的黑色，但绝不会全部都是黑暗和灰蒙。快不快乐只有你自己知道，但是请更爱自己一点，那么一定会有一个明天，比今天更好。

除了父母，其他任何人际关系都不过是泛泛之交。

叶静深刻地感受到这样的心寒，是在宫外孕手术之后的第三天。

她备孕颇有几年了，终于怀孕得偿所愿。一直是非常期待这个宝宝的，但是没想到的是居然会是宫外孕。手术之后，她总觉得心情颓废，精神萎靡。

医生正在和叶静的老公王阳交代注意事项，说着宫外孕手术对女性来说伤害很大，因此术后要特别注意调养，保持心情愉快时，婆婆走进了病房。

她也没管医生在不在场，把给叶静送餐的餐盒放在床头的柜子上，对叶静说：我问过了，你没法再怀孕了。

叶静看一眼王阳，他像是根本没听到，只是走上来打开了餐盒。

倒是医生过来打了圆场，解释说：并不是不会再怀孕，只是概率偏低。注意调养，保持心情愉快，还是有一定机会的。

婆婆转向了医生：一定机会？你知道她多少岁了吗？二十九了。她生不出来，我们老王家绝了后，你负责吗？

叶静尴尬了，她稍微提高了点声音，说：妈，你别这样。

婆婆从鼻孔里喷出一声不满的"哼"，干脆离开了病房。

医生倒像见惯了这种情形，仍旧仔细地叮嘱了几句出院后注意保养的话。

医生离开以后，叶静向王阳抱怨：你怎么也不帮我说句话啊？多尴尬啊。

王阳把手里拿着的饭盒盖子用力地扔在了叶静的床上，他瞪大眼睛气势汹汹：我妈能不急吗？你这是什么身体啊？气人。

叶静愣住了。

王阳又不耐烦地说：你吃不吃？不吃我走了，下午要开会，现在公司这么困难，我没心情蹲这里伺候你。

眼泪涌出来的时候王阳已经走了，叶静靠坐在病床上，看着不断滴落的营养液，流了一下午的泪。

出院回家后，婆婆对生孩子这件事依旧不依不饶。即使叶静的出院注意书上写明了最起码半年后才能怀孕，婆婆依旧每天早晚念叨：你打算什么时候才生孩子？是要我看不见孙子死都不安乐吧？隔壁楼谁家的媳妇也是结婚快十年都没儿子生，人家介绍看了个老中医喝了几次中药调养就怀上了，你跟我去看看。

叶静不堪其扰，却又无法回应，她提前结束了病假去上班，眼不见为净。

结果婆婆直接找了老中医，每天早上熬好药，盯着她喝下去才准她出门上班。

那药苦而涩，像叶静的心。

她试图和王阳商量，但王阳为了公司的事情忙得焦头烂额，根本没有心思听她的苦楚。

她也理解王阳。王阳自己创业，市道不景气，公司也一直没有完全上轨道，每天睁开眼就是亏损，她心里也替王阳着急。

何况王阳早在结婚时就和她说过，他是单亲，他妈辛苦把他养大，性格直截了当不会转弯，但是绝对没有坏心，没什么必要就不要伤她面子。

所以叶静也一直都是唯唯诺诺低眉顺眼的小媳妇状。唯一坚持的一件事情，就是没有辞去工作，做全职主妇，专心一意只为等着生孩子。

为了这个，婆婆也没少念叨，不是说她上班总对着电脑辐射得都怀不上孕，就是说她心是野的不安于室所以怀不上孩子。

叶静是很想要孩子的。她和王阳是大学同学，毕业就结了婚，一辈子也就认定了王阳这么个人，有家有子，其乐融融是她理想的生活。

只是一直没有怀孕，她也没有办法。

而自从出院后，她发现自己越来越没法冷静对待婆婆的逼问和讽刺，也越来越没法忍受王阳的不闻不问。

她体谅婆婆想要孙子的心情，也体谅王阳为了事业的焦虑，但是她自己的心情，一个母亲刚刚失去自己孩子的心情，为什么至亲至爱的一家人却置若罔闻呢？

无论如何，为了这些琐碎却无解的嫌隙，总不能离婚吧？所以，叶静反复提醒自己少说话多做事，能躲则躲，日子终归还是磕磕绊绊地过下去了。

只是没想到，她三十岁生日那天，婆婆毫无预兆地发了火。

那天叶静提前预定好了餐厅，王阳也买了玫瑰和蛋糕，两个人做好出门的准备，就坐在客厅里等婆婆一起出发。

等来等去，婆婆也没出来，叶静进婆婆房间去请，才发现婆婆根本没打算和他们一起出门吃饭，即使叶静已经提前三天和婆婆说好了这件事。

王阳说，那就在家吃好了。叶静虽然委屈，也只得匆忙地下厨做好晚饭。

吃完饭，王阳把生日蛋糕摆上桌时，婆婆直接把蛋糕推下了桌子。

生不出孩子，有什么资格过生日。

说完这句话，她趾高气昂地出了门，去跳广场舞去了。

叶静看着和地毯混在一起一片狼藉的蛋糕，不知所措。她看向王阳，王阳皱着眉头：你别跟我矫情，我心烦，不想听。

他拿起车钥匙也往门口走，走到门边又回过头来：把屋子收拾好。

那个瞬间，叶静知道自己的心和爱情，也像那糊了一地的蛋糕一样，再无完整的可能。

她一直以为有爱就可以忍受一切，体谅就能让爱情长久，包容就能使所有问题合理化，原来不是的。

因为爱情，在婚姻里，并不是一个人自己的事情。

叶静曾经真的以为这个世界上有爱不释手。也以为自己运气好，并不需要情海浮沉就遇到了对的人。

那一刻，她明白，自己错了。

虽然不知道什么时候开始的，但是在日复一日琐碎平淡的生活打磨里，王阳已经不爱她了。而男人，对不爱的人，是不管多么冷漠无情都做得到的。

叶静想哭，但是她哭不出来。寂寞的无助的绝望，一点一点蔓延蚕食，最终裹缚住心脏，释放出连绵的酸涩。她找不到缝隙看见光，也找不到除了离婚之外的任何出路。

守得住信念，等不到兑现。从顽石取每滴甜，补不了奈何天。

叶静就像一株根已经死了，再不能茂盛的植物。在这段关系里，她已经没有选择，没有退路，没有自由。但是她不想离婚。她成了家里最沉默的那个人。下班之后，她照旧做饭做家务，洗好衣服叠好后放进每个人的衣柜，饭后给婆婆泡上一杯茶，好让她喝过之后去跳广场舞。

但是再退让，她的婚姻也没有苟延残喘多久。

先提出离婚的是王阳。还有婆婆。

婆婆已经不愿意再等下去了。她去医院做了个健康检查，把老人家常见的一些病症确定成因为叶静生不出孩子所以被气的。

老婆和老娘，儿子和媳妇，王阳必须选择一端。

叶静知道王阳会选择什么。妈妈只有一个，老婆却可以换。何况，换了老婆也就等于给了他妈妈抱孙子的可能。

当王阳把离婚协议放在叶静面前时，她还是很唏嘘的。两个人共同走过了那么多日夜晨昏，经历过人生太多的事情，却仍然要在生活的琐碎折磨里分道扬镳。

婆婆坐在旁边，像一个审判叶静的法官。她说：房子是我的名字，王阳的公司还在亏损，你们没有共同财产只有共同债务，我们都是本分人，不占别人便宜，只会给人好处，所以，共同债务王阳自己承担。你们没有孩子，完全是你的原因，离婚你是过错方，所以王阳也不会付你赡养费，你就净身出户吧。

王阳依旧沉默着，像是他最擅长的那样。他不会给叶静她所期待的支持和保护，只会更加让她认识到什么是冷漠，不负责任和自私。

叶静越听越觉得抽离，她终于学会以一个旁观者的角度来审视她的婚姻。这个时候她才终于觉得，其实早就该离开。在这个冰冷的地方停留每多一分钟，就是虐待自己多一分钟。忍辱负重于事无补，只会得到更大的侮辱。

她找回了骨气，毫不犹豫地签了那份协议，决定向前走而不是往后退，放弃这段已经没有感情作为基础，只有容忍退让勉强维系的婚姻，不争吵，不留恋。

她有很多理由不放手，只是她已经不再是从前那个爱着王阳的她了，王阳也已经不再是从前那个值得她争取和爱的人了。

爱情可能不是让婚姻延续的关键，但却是决定婚姻是否幸福的理由。不爱你的人不会维护你，不会站在你的立场感受你承受的压力，不会对你发自真心地心疼和珍惜，更不会感同身受地体谅你，理解你。而尊重和体谅，才是婚姻真正的最重要的基础。

王阳不爱她了，但不要紧，她爱她自己。在她当下的人生里，爱自己最重要的就是转身，不再给他们更多在她心上践踏的机会。

叶静离婚三个月后，王阳就再婚了。

她父母愤愤不平，叶静倒是冷静，王阳失去对婚姻最简单的责任感，和对她该有的最基本的尊重和理解，在一起也不过是对自己的折磨。而他们已经离婚了，王阳和谁在一起，都跟她无关，也不是重点。

重点还是在，她要好好爱自己。

她感激于自己坚持没有辞掉工作，所以即使净身出户，她也有保证自己合理生活的能力和基础。

一个人最终的归宿永远是自己。她把从前因为家庭而分散的心力和时间用在了工作上。经历过离婚，她没有变得尖锐愤世，反倒更加圆融大度，再难应付的人也比她曾经历过的婚姻简单。

时间用在什么地方是看得到的。这句话果然是真理。两年过去，成绩斐然，叶静已经单独管理一个部门，也遇到了不少追求者。

她妈妈说，这样也好，有合适的对象你就处处看，给人家机会了解你，就不会计较你以前的事情了。

叶静不以为然。她有什么事情好被计较？谁没有过去？谁的过去从无跌宕崎岖？如果她遇见合适的人，而这个人会因为她曾经的伤口而不满，她一定果断放弃，再不以委曲求全的心态折磨自己。人生从来都比你以为的短，最重要的不应该是讨好别人，而是娱乐自己。

对于爱情，她依然相信，但她不再心急如焚地期盼爱情的轰烈，不等待任何人来拯救她于人生的孤旅。她自己走着自己认定的路。

足够自信的叶静已经明白，好男人比糟糕的男人多，而很多很好的男人，还没有遇到合适的另一半，他们也在认真地寻找。

再一次升职后不久，叶静遇到了一个好男人。

他不在乎叶静以前有过的婚姻，也不在意叶静的年龄和职位，他在叶静对他坦言自己可能无法生育的时候，轻轻地拍了拍她的手，说，这不是你的错误，而是你的不幸。你别难过。如果你很想当妈妈，我们可以领养一个像你一样可爱的孩子。

叶静说，你要想清楚，因为这意味着如果选择我，你可能不会有自己亲生的孩子。

他说，你就是我的孩子。

男人爱一个女人，常觉得她异常的小，异常的天真，异常的需要保护，什么都能包涵，什么都肯原谅，总是舍不得。

叶静曾经被困在无论如何都是错的角色里，但没关系，她还是遇到了那个会疼惜保护她的人。

未曾长夜痛哭，就不足以语人生。

过往是扭曲的多面体，绵延出惆怅遗憾的影，安静清冷地在有生之年，一直存在于心的缝隙里，永远不肯消失。我们终究都要学会，如何带着痛苦，活下去。

谁的人生都有如墨一般的黑色，但绝不会全部都是黑暗和灰蒙。快不快乐只有你自己知道，但是请更爱自己一点，那么一定会有一个明天，比今天更好。

永远不远，未来会来。

你的心，是决定人生色彩的钥匙。

只要你立定主意，诚恳面对，就能让自己过得明媚。

谁的一生中没爱过
几个人渣

人生总是如此，要走过许多路，摔很多次跟头，才能突然悟透一些很简单的道理。比如感情无须否嵩，从无对错，只有甘不甘心。

每当有人或假意或真心地问起童童怎么成了大龄剩女时，童童总是潇洒地笑一笑，又耸耸肩：没办法，我爱过一个极其精彩的人，起点太高了，后来遇见的凡人，哪儿入得了我的眼。

非常冷艳高贵的样子，惹得八卦之人想追问却又不好失了风度。

久而久之，公司内部传言出童童的前男友是某个当红男明星，还有模有样地形成了一个相遇相爱被经纪人和 fans 棒打鸳鸯的故事。

童童听不到看不到旁人议论什么，她根本不在乎。照旧把自己打扮得干净大方，精气神十足，每天准点上班，努力工作，开会前两小时一定做好关于会议的所有内容和延伸内容的准备，要出差拉起旅行箱就能立时出发，遇到要背要扛而周围无劳力时，也可以一卷袖子自己上，年假拿了就往欧美著名美术馆充电，简直是完美职场女性的典范。

且童童从不在工作中推卸责任，无论她负责的项目出了什么问题，她绝不把过错推给他人，即使确实是她领导的成员犯错，也统统都被她认作是自己的错，然后仔细研究，认真总结，精益求精，永不再犯，所以想要加入童童所在项目的人，真不在少数。

虽然大龄未婚的女性在职场里遇到的各种隐形障碍和升职阻力确实的存在，但童童仍然是让上层不得不叹服其工作能力的一个，加上佳偶难再得，所以短期内她也不会因为结婚生子影响工作的想当然的潜在想法盘踞在众人的认知里，所以童童在公司升得不算快，却也并不慢。

新年过完，回到公司，童童立刻被要求负责一单竞标，副总对她说，这是公司今年最重要的一单项目，你一定要赢。

看着项目介绍上其他几家竞争公司的名称和负责人，萧中言三个字赫然在目。童童笑了。她说，我必然会赢。

童童认识萧中言时，刚入职场，对自己拿到 offer，可以进入业内业外都赫赫有名的公司工作十分得意，相信人生的春暖花开近在迟尺，唾手可得。

看多了小说和剧集，少女心里难免装着对霸道总裁的憧憬。萧中言虽然不是总裁级别，但好歹也是公司中高层，说话很有分量，年薪七位数，出入有奥迪，工作中要求严格，私下里却温情脉脉，英伟又讲究品味的成功男人，简直不能让少女更仰慕。

实习期刚过，童童就遇到了对当时的她来说等同于末日的事情——她所在的项目组递出的标书，在总金额上错了一个小数点，有可能对项目造成致命的损失。

知道这个消息时，童童和同组的人一样不知所措，但更让她意想不到的是，项目经理给出的处理结果，是童童负全责。

童童蒙了，拟的人不是她，检查的人不是她，形成到递出经过了七八个人，最终责任却由只是机械地把标书输入电脑的她来承担。她满腹委屈，欲哭无泪，却又不知怎么申诉。

心慌到手都在发抖的童童打算越过做决定让她负全责的项目经理，去找更高一级的部门主管申诉时，在主管门前遇见了恰好经过的萧中言。

萧中言拦住了她，知道原委后，第一句话就是，以后不要越级投诉，后果会比你写错标书更严重。

他要童童回去工作，不抱怨，不声张，不投诉，不辩解。

最终甲方退回了错误的标书，表示可以重新接纳更改过的内容。时过境迁，谁也不再提童童背的黑锅，项目经理像是任何事情都没发生过一样，照旧让童童做着项目助理该做的工作。

后来童童才知道，萧中言动用了私人关系，追回了标书，替她解决了危机。

那是她第一次见识到职场里人和人之间的互相碾压，彼此利用，也是她第一次了解，人脉有多重要，职位代表的并不单是地位，能够带来的也并不只是薪水。

她有些害怕，日日感觉如履薄冰，不苟言笑，对工作再无万丈雄心。

后来萧中言对她说，你太单纯了，要不是我替你保驾护航，你被人卖了还不知道怎么办呢。

是童童主动约的萧中言。她邀请他吃饭，以报答他的相助。

萧中言选了一家五星级酒店的西餐厅，牛排端上来，他亲自细细地切好，再把它推到童童面前，同时轻描淡写地说，可是，我愿意一直替你保驾护航。

第二天，萧中言把童童传唤到他有着巨大落地窗，能够俯瞰这个繁华城市的办公室里，用公事公办的面孔对她说，晚上八点到喜来登二楼宴会厅陪我一起出席一个晚宴。

我？

童童迟疑。

她不过是公司最资浅最低层的小助理，陪伴萧中言出席活动，就等于给人以无限口舌的机会。

萧中言笃定地点点头，说：我已经和你的项目经理说过了，你去参加是他提议的，这次主要是和曾经出过标书问题的甲方应酬，见面三分情，既然认定责任在你身上，你就去当面低个头说句抱歉，这件事就算彻底揭过了。这对项目以后的运行是好事情。

他递给她一张信用卡：下午你去买能出席晚宴的礼服裙，不要选择标新立异的款式，也不要挑过于艳丽的颜色，自己拿不定主意就向店员请教，她们知道怎么样装扮最得体，快过你去找专业的造型师。

童童只得点头。萧中言说：卡的密码是你生日。

说完，他示意童童可以出去了，而他表情专注地开始处理工作文件。

他是一个行事高效率，对工作有准确目光和清晰定位的人，更有一种

终于等到你，还好我没有放弃

历练过的成熟气质和举重若轻的职场智慧，童童看着他埋首于工作中的样子，心里的倾慕正式升了级。

晚宴很成功，甲方的负责人非常大度地对童童表示不要介意，而童童明白，那全是因为给萧中言面子。

萧中言把童童送到她家门口后，童童把信用卡还给萧中言。他摇摇头，笑了，他说：你留着用，女人一定要善待自己。何况，是我喜欢的女人。

他对童童扬手 say goodbye，一踩油门，车子绕出一个漂亮的弧度，很快消失在车流里。

童童盯着他离开的方向，心慌意乱之外，又有止不住的粉红色的小泡泡在心里不断升腾。

她当然知道萧中言已婚，她在公司的年会上见过萧中言的太太，漂亮、高傲、冷漠，看得出家世良好，但不平易近人。

萧中言从不像那些猥琐男人一样，藏起婚戒，满世界张扬老婆不理解自己。

他只是在评价别人的婚姻时，偶尔说起婚姻和爱情是两回事，多豪华的婚礼也不代表婚姻幸福，终生相处是否融洽与有多少资产毫无关联。两个人要相处一辈子，一定是要有爱的。而很多人并不相爱，却可以相处一辈子。

看透世情的话，和他略带点忧伤的眼神，很容易就让童童明白，他的婚姻，并不如大家以为的那么幸福，他的苦，无人能诉。

防不胜防的感情仿佛更加荡气回肠。即使知道有些事情并不能容于正确的社会规范，有些线跨过去就是犯规，但童童依旧带着仰慕和心疼，成为了萧中言婚姻之外的女朋友。

那段时间，童童在公司顺风顺水。萧中言在工作上有独特的经验和智慧，他私下指导对工作失去信心的童童如何提高职场耐受力，如何领悟丛林法则，如何增加职场生存力。有他幕后指点掌控局面，童童的两分功力发挥成五分，三分努力换得回八分场面，经验值嗖嗖嗖地增长，变得越来越被团队认可和器重。

也因此，童童对萧中言更多了一份崇拜。

这段隐秘的关系没有维持多久。半年后，萧中言的老婆出现在公司里，她走到童童所在的大办公室，一杯水泼在了隔壁项目组比童童先进公司一年的前辈脸上。

前辈涨红了脸，气势却弱，她哭着说，萧太太，我会和他分手的，对不起。

在周围窃窃私语的人声里，童童觉得那杯水根本泼在了自己脸上，烫伤了她的自尊，烧得她心跳过速，头脑混沌。

萧中言曾经对她说，要不是我替你保驾护航，你被人卖了还不知道呢。

结果最终卖了她的，居然是他。她以为自己就算不是唯一，至少还是第一，却原来从一开始这段关系就不存在善意，她不过是萧中言丰富自己生活的一场游戏中的小角色。

心态萝莉的小女生轻易被阅历丰富精于算计的大叔迷惑的故事从来不少。年轻小女生刚刚得以一窥五光十色的社会，很容易只看到流光溢彩的部分，却不懂光怪陆离之下深沉暗黑的本质，所以或多或少都被算计被绊倒过，只看各人运气如何，踏入的陷阱是深是浅，卷入的风暴是大是小，

终于等到你，还好我没有放弃

失去的是爱情还是信任而已。

没有谁能替你保驾护航，唯一能够保护你的，只有你自己。

童童没有去质问萧中言，也没有歇斯底里。她辞了职，把那张信用卡快递给了萧中言，跳槽到了和原公司一直竞争的公司，做着比原来更低的职位，拿的薪水远低于萧中言给她的信用卡的额度。

人一定要受过伤才会沉默专注，女人一旦死了心就有无限可能。时日过去，童童成为了完美的职场女性典范，但她没有再恋爱。

她也不是没打算敞开心门迎接爱情，但撇去人品层面来说，遇到过萧中言，她对另一半定下的起点就真的会变得很高，她后来遇见了很多不错的男生，但他们都不是他，她的心没有悸动。

不爱就不要勉强去爱，童童对于爱情的空缺并不深以为憾，时至今日，她的心并不怕孤独。

对于工作，童童早已不像曾经背黑锅的小女孩一样心存犹疑，她知道自己花了多少心力，会有什么回报，一切都可以掌握。所以一如童童料想的，她们的竞标大获全胜。

走出竞标会场时，童童遇见了萧中言。

他犹疑了一下，终究还是走了过来。旧情人隔着几年的岁月相见，却并不像电视剧里演出的那么温情脉脉，余韵不断。萧中言的表情带着几分不甘，又有几分不忿。他说：你终于把我踩在脚底下一次，很痛快吧？

童童认真地看着萧中言的眼睛，然后，她笑了。她带着笑容摇了摇头，转过身离开，没有和他交换一言一语。

她不是没有设想过再遇见他的场景，她也不是没有计划过赢了他要说些什么来一扬心里的怨怼。但在终于和他面对面时，她才发现，自己根本不在乎这个人了。

人家常说，比伤害过你的人活得好就是最佳的报复，童童也一直把这条奉为圭臬。她奋力追赶萧中言的背影，在落后了很多的跑道拼命发力，直到终于和他并驾齐驱的时候，她才发现，她不在乎，她打心底对他冷淡，不想为他动用一点一滴的情绪。

原来，活得好是对自己最佳的报偿。而对伤害过你的人最佳的报复，是你根本不在意他的好歹，不关注他的死活。

她爱过他。在当时总是值得的。

而后来，已去之事不可留，已逝之情不再恋，若留若恋，她就没有今天。

让童童笑出来的是，要到这么近距离地客观地打量过萧中言后，她才发现，他和她记忆里那个完美的男人好像有了出入。他没童童记忆里那么高，那么英伟，那么神采飞扬意气风发，他失去了即使残酷也让她迷恋的气质。人们往往只相信他们愿意相信的事，而在童童少女粉红色的星星眼里，是她替他调了光，添了彩，堵住了别人入她眼的机会。

走出停车场的电梯，一起来投标的同事杨昊已经把车子开到距离她最近的位置。

杨昊比童童早进公司，从不吝啬对童童的欣赏。在如今童童已经变成童姐的公司里，杨昊倒是还常把她当作那个刚加入公司的小丫头，诸多关注。

童童曾经调侃过他，你没听过我前男友是某明星吗？

杨昊说，江湖传言能靠谱吗。就算是真的，那也是前男友啊，我有信心我会是最好的现男友。再说了，谁没有过去啊，我还觉得我前女友是林志玲呢，但分手了，她对我就从林志玲变成了林志颖，依旧是很精彩的存在，但我是直男，所以再也不可能了。

童童倒是挺欣赏他这份乐观和对感情干脆利落的处理态度，但萧中言留下的影子太长，挡住了所有的浪漫星光。

杨昊一如往常地下车，打开副驾驶座的门，用手垫在车门顶端以防止童童碰到头。待童童坐定，他也系好了自己的安全带，点火，问：你是直接回家呢还是回公司？

默然了一会，童童说：帅哥，跟我约个会呗？

杨昊一边沉稳地开着车，一边笑，他说：美女，我早就备案了N个想要带你去一尝美味的好馆子，这下我再也不担心他们挺不到你去品鉴，就关门歇业了。

是的，时间这么快，人生这么短，一旦发现失误，立刻止损离场另辟蹊径才是正确的态度。

人生总是如此，要走过许多路，摔很多次跟头，才能突然悟透一些很简单的道理。

比如感情无须吝啬，从无对错，只有甘不甘心。

凡事过去了算数，最重要是努力向前看，选择自己感觉最愉快的路。

童童决定，自己是时候开始另一段美好的关系了。

至于这段关系的未来是康庄坦途还是穷途末路，童童并不忧心。行过的荆棘丛中开出的花朵，就是人生的意义。

她不怕失败，也不怕挫折，不怕痛更不怕重新来过。

她明白，生活一定充满失望，但她是自己恒久的希望。

前男友教会我们的

每个人都曾经是天使，然后在某天，为了自己的爱人，降落人间。从此为了爱情哭，为了爱情笑，为了爱情奉献一切的美好。

傅桢桢第一次见到宋品佑，是在 Napoli。

Napoli 是位于超五星级酒店二楼的西餐厅，会所制，就算有钱，没有一定的社会能量和地位都无法订到位。

这样需要财富和地位作为门票才能一探究竟的地方，在认识宋品佑前，她从未踏过足。

走进 Napoli，早有服务生迎上前来。报出宋品佑的名字，便立刻殷勤地把傅桢桢向景观最好的窗边的位置请去。周胜伟坐在宋品佑对面，笑容堆满了脸，和领着她走向宋品佑的服务生一样，殷勤十足。

看到傅桢桢，宋品佑很有风度地站起来，对她伸出了手。

傅桢桢礼貌地和他握手，眼睛却看着周胜伟。周胜伟早和她说过，宋品佑家里有钱，又对艺术有兴趣，他答应帮周胜伟开画展，但需要很像他已经去世的初恋的傅桢桢去做他的助理。

傅桢桢觉这种交换有点没骨气，但周胜伟不这么觉得。他劝傅桢桢，宋品佑是个有分寸的人，不是暴发户般的"富二代"，他要傅桢桢就把宋品佑当成哥哥，顺利办完画展就再无交集。

傅桢桢并不在乎周胜伟是不是成为名利双收的大家，但她明白，周胜伟有他的自尊。

周胜伟从美院毕业后就一直潦倒，就是因为他的资源不够。这个世界看起来遍地黄金，到处是机会，但都是玻璃天花板之上的，站在玻璃金字塔底端的他们，不能不屈服。

傅桢桢爱周胜伟。爱到可以抛弃一切的程度。她曾经听过一个故事——

一个天使为了她深爱的人降落凡间，当同伴问她如何回去时，她说：我已经不需要那对翅膀了，因为我有另一双翅膀。于是她失去了翅膀，却拥有了人类的心。

每个人都曾经是天使，然后在某天，为了自己的爱人，降落人间。从此为了爱情哭，为了爱情笑，为了爱情奉献一切的美好。

为了爱情，为了周胜伟，傅桢桢不怕失去天堂，不怕失去纯白。她只害怕他不爱她。

宋品佑的办公室在 37 楼，对面没有更高的建筑物阻隔，整面墙用的都是落地玻璃，常常让人有接近天空的错觉。阴霾的雨天，云层厚重而压抑，仿佛就在头顶。

傅桢桢端着泡好的咖啡，放在宋品佑宽大的写字台上。她问宋品佑，到底什么时候才会开始画展的相关工作。

也不能怪她不够恭顺。宋品佑对任何关于画展的要求都一口答应，仿佛最好的时段最贵的场地最有气势的宣传对他而言都不过是轻而易举不值一提的事情。他只提了一个要求——直到画展举办为止，傅桢桢必须当他的秘书，协助他进行画展的筹备工作。

周胜伟一口答应，傅桢桢也觉得自己能够协助周胜伟的画展举办是件非常好的事情，一来可以监督宋品佑对画展的投入是不是符合承诺，二来她也可以学习到很多，等下一次周胜伟再举行画展，自己就驾轻就熟了。

但是从她辞去旅行社的工作，成为宋品佑的秘书都已经过去了一个多月，画展的事情丝毫没有进展，她每天的工作就是给宋品佑泡咖啡，然后陪着他每天去各种店里吃午餐、晚餐。

我们去每家店吃饭，不就是考察画展当天现场选用的食物吗？宋品佑说，我家人也都不在国内，一个人吃饭太孤单了。

他又说，当我听说了你和周胜伟的爱情故事后，我甚至有点羡慕周胜伟。我从来没有遇见过这么爱我的人。一次也没有。

傅桢桢想，自己和周胜伟的爱情，其实也没有多么与众不同。

只不过是她爸妈反对她和一心想做画家，立志用画画来安身立命的周胜伟在一起，所以大学一毕业，傅桢桢就跟着他离开了家，来到了这个繁华到远超过他们想象的地方。当年爸爸发狠说，她要是跟周胜伟走就永远不要回家，所以她也就真的一直没有回过家。三年了，她和父母完全断了联络。

每当想家时，周胜伟都会用力抱紧她说，傅桢桢，你有我，你还有我。

所以即使每次面对宋品佑，她都觉得是在逢迎，在奉承，在出卖自己讨好他，在牺牲自尊换取利益。但这些不甘，最终能换来周胜伟的成就，那就够了。

是的。傅桢桢想，她有周胜伟，她有爱，有永恒。

但宋品佑轻易地就打碎了傅桢桢的永恒。

想象力再丰富，傅桢桢也无法想象自己会看到这样不堪的场景。

坐在咖啡馆的窗边喁喁细语的两个人，只要是恋爱过的人，都能看出他们之间绝对不寻常的亲密关系。

那两个人，一个是周胜伟。

那个女生是谁？坐在宋品佑车的后座，透过车窗玻璃盯着自己男朋友和另一个女生的亲密举动，傅桢桢无力地问。

陈依露。她家有点钱，在艺术界也算有点影响力。宋品佑回答。

这一点说明，已经足够。

傅桢桢一直都相信周胜伟不缺才气。但是他的才气，在冰冷的现实里，却绝对需要资产来作为踏板。所以，他不单献出了傅桢桢，还献出了自己。真像是一个拙劣的玩笑。

周胜伟很聪明，至少他没有吊死在一棵树上。宋品佑的声音毫无情绪动荡。所谓爱情，无论曾经如何轰轰烈烈、感天动地，结果也不过是从爱到更爱，或者从爱到不爱。看来，你在周胜伟这里的运气不太好。

他的嘴角有一丝冷淡的笑容，他在做一个最轻松的旁观者。

那个瞬间，傅桢桢觉得宋品佑才是最可恨的。他冷眼看着她的伤痛，嘲笑周胜伟的卑微。

傅桢桢想，如果宋品佑痛快地完成了对周胜伟的承诺，如果他不夺走她陪伴周胜伟的时间，他也许就不会离开。她和周胜伟，根本就像是他闲得无聊而下的一盘棋，输或者赢，都痛不欲生，但这痛却不在他身上，伤痕累累的都是有求于他的，卑微的其他人。

车子启动，她闭上了眼，让眼泪淌过脸颊。

傅桢桢没有想到的是，周胜伟先向她提出了分手。

除了一句反反复复的"对不起"，他没有任何解释和分辩，他像是已经决定了她必须接受这样的现实，必须接受，他不再和她共度余生。

他跟傅桢桢说，要是不喜欢在宋品佑那里工作，就辞职吧。反正他已经和宋品佑签了合约，要是现在反悔，宋品佑会很麻烦。

原来她的委屈，她的不甘，她牺牲自尊换取的，不过是周胜伟和宋品佑的一张合约。

所以爱情，大概就是这样。开始的时候，总是美好得一如神仙眷侣天赐良缘，慢慢地，时间过去，负面逐渐展现出来，才发觉一切不是想当然的那么一回事，想象总是比现实美好得多。

傅桢桢崩溃了。她问周胜伟：你就这么走了，以后呢？我怎么办？我难道还能回家去吗？

周胜伟说，你回去吧，我想你爸妈未必真的会把你赶出门。说完这样的话，他离开了他们共同的家。

门关上的声音并不大，但落在傅桢桢耳里，分明就是全世界坍塌崩溃的声响。

终于等到你，还好我没有放弃

世界是这样荒凉广阔，她却只有自己一个人，即使再害怕，茫然四顾，也找不到任何依靠。

她和周胜伟，相遇到相识、相知到相爱、过去到现在，以为一生都在彼此身边了，但这一点一滴的堆积对他来说，原来是随时可以抛下的存在。

从前，每当傅桢桢想家时，周胜伟都会用力抱紧她说，傅桢桢，你有我，你还有我。

可是，言犹在耳，君心已变。

傅桢桢以为自己再也不会和宋品佑有任何关联。但这个世界，有时候就是现实得让人无力。

周胜伟已经有了其他的归宿，他在这个繁华的城里找到了最好的位置。那是傅桢桢绝对不能给他的。而她终于不得不承认，自己已经像无用的垃圾，被毫不留恋地扔掉了。

当发现自己身无分文，下个月的房租毫无着落，甚至连下一顿饭都不知道怎么去获得时，傅桢桢终于体会，人类挣扎求生的欲望，有多么强烈。

她不得不为自己打算。人啊，总得活下去。现在的她，需要一份工作，需要收入，更需要在恰当的时候，狠狠地报复周胜伟，以让自己落入炼狱的心得到安宁。

而宋品佑，是傅桢桢最快捷的一张门票。

她回到宋品佑的办公室，像是什么事情都没发生过一样，继续给他泡咖啡。

但是宋品佑说，周胜伟的画展开完后，她就不用在他这里工作了。

他对傅桢桢说，你现在被逼到了绝境，需要救命稻草，但我宋品佑还不至于为了找个女朋友，而逼人卖身。我虽然很喜欢你，但是我不需要一个口是心非的女朋友，勉强把你留下来是自讨苦吃，你不会给我你的真心，所以我不能不放弃你。你明白吧？

她明白。她太明白了。她也总算明白宋品佑何以能有现在的成就——他的确不单是靠家里的财富和地位。他是一个很懂得快、狠、准的男人，尤其是够狠——对别人狠，对自己也狠。这样的男人，还真的独有一种特别的魅力，让人不得不正视。

桌面上精致的骨瓷杯里，色泽沉郁的咖啡倒映出的傅桢桢的脸，因为晃动而变形，直至无可辨认。

陈依露坐在面对日本料理店的豪华包间纸门里的餐桌主位，用带着一点轻蔑的眼神看着傅桢桢，手里拿着的筷子敲击着桌面，发出单调的声响。

她不说话，也不示意她坐下，只是持续着敲击的动作。

气氛过于阴沉，而且压抑。傅桢桢很想逃走，但是她不能走，她必须求，求一线生机。

时间在沉默中一点点流去，空调处理过的干燥空气在呼吸里制造小小的尖锐的棱角。终于，陈依露不耐烦地开了口：你想和我说什么？

傅桢桢能听出来她话语里复杂的内涵，那是包含着蔑视、残酷和蓄势待发的折磨的语气。

她说：你可以不可以把周胜伟还给我？你明明知道，他和你在一起只是为了他的理想。他说只要我愿意等他，他一定会回来，就算他天天在你身边，他的心里有的也还是我。

陈依露手里的筷子夹杂着空气被划破的声响，从她耳边掠过。那个瞬间，傅桢桢看到了她眼里浓厚的戾气。

她的哀求没有打动陈依露，对方没有大发慈悲表示会离开周胜伟，她气冲冲地离开，眼神里满是戾气。

离开宋品佑的办公室，出了办公楼，走进通往公交车站最近的小巷里，傅桢桢才想起自己忘记关掉工作用的电脑了。

她离开时，宋品佑还在他办公室里。拿出手机，她拨通了宋品佑的手机。

宋品佑说，傅桢桢，你居然让老板帮你关电脑？

我都已经走到去车站的小巷子里了。说完这句话，傅桢桢的身后传来急促的脚步声，然后有两个男人超过了她，并且拦住了她。

他们抢过她的手机扔掉，把她推倒在地上。

冰冷的雨水沁入傅桢桢擦破皮的手掌。她的大衣被扯掉，衬衫也发出被撕裂的声响，再用力挣扎也挣不开，即使尖叫再尖叫，也没有任何人来帮忙。

那个瞬间，傅桢桢感觉到了没顶的恐惧。

她听见自己凄厉的声音，在黑夜中响着。

——宋品佑！救我！救我！

傅桢桢醒来的时候，侧过头，看到的是坐在床边的宋品佑。

宋品佑说，在你最危险的一刻，你不知道谁会去救你的一刻，你一直叫的是我的名字。本能反应是不会说谎的，傅桢桢，你爱上我了，承认吧。

一个瞬间，就是一生情意。也不需要多说些什么。

沉默了几秒钟，傅桢桢终于伸出手，抱住了宋品佑。

感觉到他更用力的拥抱，她知道自己嘴角有着满满的笑意。

她成功了。

她成功地激怒了陈依露。一向都骄纵任性的掌上明珠，即使不那么爱周胜伟，也不会让普通女生抢走她的东西，哪怕周胜伟不过只是她暂时的消遣。

所以这些天，傅桢桢一直很小心。那两个男人跟在身后的瞬间，她就感觉到了危险的靠近。

她没有逃，她故意打电话给宋品佑，说无关的话题，等着一切发生，等着宋品佑看到她的"本能反应"，等着他听到她在最危险的时候，想起的是他。

是的，她是故意的。

因为，她不过是一个已经一无所有的孤女。她什么都没有，有的，只是机会。

她已经失去了周胜伟，不能再失去宋品佑。

宋品佑说，如果傅桢桢希望的话，他可以替周胜伟的画展造个隆重的势，也算是付给他的分手费。

但是傅桢桢说，不但不用造势，最好的是，不要替他开画展了。

她不欠他。是他把她推向宋品佑身边的，那个瞬间，他们已经再无关联了。

陈依露没有帮周胜伟开画展。如果宋品佑这边也停止，他就惨了。

虽然画展已经在进行中了，如果中止，宋品佑怎么都会有损失，但是傅桢桢问宋品佑：损失你付不起吗？

终于等到你，还好我没有放弃

她说，周胜伟是惨还是风光，我一点也不在意。你就当我肤浅好了，我只希望以后我和你的人生再也不要和周胜伟有关，虽然他算得上是我们的媒人。

宋品佑笑了，他说：傅桢桢，我的一切，都是你的。

拥抱，真的是件很微妙的事情，双方其实根本都看不到对方的表情，所以，宋品佑也看不见傅桢桢嘴角的冷笑。

就像他永远不会知道，她有时候，还是会非常想念周胜伟。

好在这种想念，只是一瞬间的事。

反正人生，也不过是一瞬间的事。

傅桢桢没有想到，自己会再看到周胜伟。

他等在她的新公寓大堂里，俊秀的脸上有憔悴的神色和深重的黑眼圈。那不是以前神采奕奕的周胜伟，如果不是他拦在面前，傅桢桢一定不会认出他。

他求她从头开始。他说，傅桢桢，你是爱我的，你一直爱我。

他拉住她的手，他的手掌很冷，手心才有一点点的温热，他的力气非常大，大到像是在抓最后一根救命稻草。

而傅桢桢看着他的眼睛，一字一句：可是，对现在的我来说，你的爱情算是什么呢？

他愕然地看着她。第一次听到她用这样无谓的语气说着这样的句子，看到她脸上轻飘飘的笑，他终于有些猝不及防。

用力挣脱他紧握的手，傅桢桢披上轻软暖和的披风，走出大堂，司机已经在门口等候。

回头看一眼如同雕塑冻结在原地的周胜伟，她再不留恋地上了车。

车启动，雨还在无边无际地下着，整座城市笼罩在无边的朦胧中。为了爱情，为了周胜伟，她失去了天堂，失去了纯白。她曾经只害怕周胜伟不爱她。

但，从此以后还真不。

当她最爱的只是自己，谁能奈她何。

终于等到你，还好我没有放弃

第一次听到你对我说" 我爱你 "时，我的世界一瞬间鲜花绽开。
When the words "I love you" were said by you for the first time,
my world blossoms.

当生命中美好的东西到来时，我却觉得会失去它。
It seems like whenever anything good in my life happens,
I'm just afraid that I'm going to lose it.

我给你我的手，给你比金钱更珍贵的爱情。
I give you my hand. I give you my love, more precious than money

所以，如果不当真的话你就决不要说"爱"。
So, never say love if you don't really mean it.

终于等
You are here
到你

如果我不爱你，我就不会思念你，
我就不会妒忌你身边的异性，
我亦不会痛苦，
如果我能够不爱你，多好。
可我知道，曾经相遇，总胜过从未碰头。

我知道，如果我示弱了，也许表面上看起来轻松多了，甚至还称得上是光鲜亮丽，但在自己的心里，我的一辈子就完了。

谢煜城是我认识的富二代里，最特别的一个。

我原本设想他的生活和大部分家里有俩钱又整天无所事事的人，应该并没有什么不同，各种聚会各种 Party 每天都有，想要多浮华多热闹都不是问题。

但谢煜城不同，他未婚，不以女朋友多且美为乐趣，他甚至根本没有女朋友，也不约什么乱七八糟、乌烟瘴气的局。

我也曾经打趣他枉费天赋，辜负家里任他胡花乱撒的金钱，反而把钱投在关爱特殊疾病的公益行动上，简直太自带主角光环，辜负了我们这些做梦都想生于富豪家族然后狠狠拉风一把的人。

但谢煜城说，不是这样的。

大二的时候，谢煜城遭遇了一连串人生变故。

谢妈妈忽然因患心肌梗死去世。

谢爸爸和谢妈妈的感情是相当不错的，他们十几岁就在一起，恋爱，结婚，生下谢煜城，携手做生意，把一个家搞得有声有色。不管生意做得多大，谁也都没有花花肠子，一心一意。

因为这件事，纵横商界、叱咤风云、意气风发的谢爸爸就像变了个人，头发忽然白了一大半不说，还精神萎靡、斗志全无、一蹶不振、不问世事，甚至发展到天天酗酒，三五天就踹谢煜城两脚，完全无心打理生意。

原来再大的家业，一旦垮起来，也是很快的。半年不到，谢家破产，谢爸爸终于振作起来，卖了名下所有房套现抵债，租了间房子付了一年房租，留给谢煜城一万块，然后和老朋友去了海外重新开始。

从花钱如流水的环境落到要考虑午餐不能太贵的状况，谢煜城确实是不习惯的，这也是人之常情，古人都说了，由奢入俭难嘛。情绪因为角色转变受到影响，再加上难免还有点收敛不住的少爷脾气，一来二去的，谢煜城便得罪了几个土霸王。

日子磕磕碰碰地过了两个月，终于，在男生们的小规模足球赛上被人刻意地绊倒了几回后，谢煜城愤愤地退出了，坐在操场的看台上玩游戏。

忽然，一个影子挡住了落在他手机屏幕上的阳光，谢煜城抬起头，一个女孩子递过来一张印着卡通小熊的可爱纸巾，还有一瓶没有开封的纯净水。

她指一指谢煜城已经渗出血迹还混有泥土的膝盖，说，你洗一洗伤口

终于等到你，还好我没有放弃

吧，不然发了炎可就麻烦了。

她是戚薇。

谢煜城是百无聊赖地在夜市上晃荡的时候再次遇见戚薇的。她在学校夜市划块地铺开个摊子，卖打底裤、围巾之类的东西。

陪戚薇在摊子边蹲了小半晚，问价的有二三十个，最后收摊时却只赚了十块钱，谢煜城不耐烦了。

戚薇说，你别看不起这蝇头小利啊，生意好的时候一天还能赚个五十八十的。

谢煜城说，不是，你赚这钱干什么啊？

戚薇说，谢煜城，你家境很不错吧？我羡慕你的单纯、对金钱无所谓、不理解为什么有人会为了几块钱而锱铢必较，也不知道身上压着一堆债的人的感觉，我也想做你这样的人。所以，我在尽我最大的努力，改变我的人生。

戚薇的父亲得了癌症。她和她妈妈坚持要让父亲得到最好的治疗，为此花光了积蓄，还欠了不少外债。

戚薇很争气，她年年都拿奖学金，晚上摆夜市，白天没课就去做快餐店的兼职。但那对于巨额的治疗费用，显然是杯水车薪。

也有有钱人对戚薇表示过，只要戚薇做他女朋友，治疗费用不在话下不说，戚薇这一辈子都能衣食无忧，想要什么样奢华的生活都可以实现。

这怎么能行呢？戚薇笑着说，我给我爸治病的钱，我这辈子花的每一分钱，都得是干干净净的。要说我穷的还剩下什么？我还有骄傲和自尊，还有未来，这不是喊喊口号而已，这是我内心富足的理由。我爸妈辛苦地把我带到世界上来，不是为了让我走捷径的——何况，人生哪有真正的捷径啊。

她的语气平静，但落在谢煜城的耳朵里，却像是重启了他世界观的当头棒喝。

　　谢煜城加入了勤工俭学的大军，卖充电宝。

　　从花钱如流水的环境落到要和人一块两块计较的状况，谢煜城难免有点收敛不住少爷脾气，时不时地，语气里还有掩不住的刺儿，于是被人刻意地找了碴儿，还挨了两拳。

　　他蹲在小摊子旁，看着打他的人耀武扬威地扬长而去，周围来来往往的人只有看热闹的劲头，根本不在乎这一场争端谁对谁错，他忽然明白，离开了老爸的财雄势大，自己原来是如此渺小。

　　人生是很无奈的，倾尽全力想要得到或者保留的，也会轻易的失去。仓皇、悲苦、寂寞和伤痛仿佛源源不绝，原因无他，只是因为，老天爷就是这么安排的。

　　谢煜城想，老子不干了，老子从云端摔到地上，老子有权颓废，有权报废。

　　他把摊子收了，去找戚薇，打算向她告别，离开夜市行列。

　　戚薇也正苦着脸，看着凌乱的摊子。

　　夜市旁是夜宵一条街，有个失恋的妹子喝醉了，哭着喊着发酒疯，一路闹将过来，把戚薇的摊子掀了。雨夜啊，那些货都算毁了。等戚薇收拾好散落一地的东西，肇事者也找不到了。

　　谢煜城说，这怎么行，等着，掘地三尺，我也给你把那女的揪出来。

　　戚薇说，算了，她也是伤心到极限了，不然一个女孩子，怎么会容忍自己在这么多人面前恶形恶状？人都有需要发泄的时候。

然后戚薇就开始研究怎么挽救那批货物。谢煜城说，你不是吧？你白天要打工还要上课，晚上有点时间就休息吧。如果你执意要摆夜市，我替你来。

戚薇不接受。她说，我自己的路，每一步，我都要自己去走。这样，等到我打倒命运这个终极 boss 的时候，才会有真正的畅快和骄傲。

人生没有谁能一帆风顺，谁都有遇到沟坎的时候，也都有暂时颓废的权利，但人啊，也总有继续向前走的要求。

临近毕业，谢煜城家的情况逐渐好转了。谢爸爸做生意很有一套，加上他那些旧关系、旧人情还在，一旦缓过劲来，恢复起来挺顺利的。虽然比起从前还是有差距，但是谢煜城搬回了市中心的花园别墅。一切变得和从前一样，有司机开车接送他上下学，越来越多的人开始叫他谢少，他身边的朋友变得前所未有的多起来，好像他一开始就很受欢迎一样。

不是没有女生对他表示过关注和好感，谢爸爸也开玩笑地说，有女朋友就带回来给老爸看看啊，反正我和你老妈也是早恋，老爸是很开通的。

谢煜城没搭理老爸的玩笑。

经历过起伏，他变得清醒起来，他怎么会不知道那些关注和好感都是因为他的装备好，而不是他的属性高呢。

他找老爸要了笔钱，打算借给戚薇渡难关。他觉得戚薇不该为了生活奔波。

但让谢煜城想不到的是，戚薇拒绝了。

她说，我也曾经想过，要是接受那个人的援助，是不是就再也不用过早出晚归、天天愁钱的日子，是不是就会像你朋友圈里的那些人一样，想去哪里就能去哪里，想买什么就能买什么；生病了，想订医院的单人间就付得出钱，想请专家教授看病一个电话就能搞定，而不需要像我爸一样，半夜就去排队拿号再等上一整天才能排上专家教授的五分钟；想买车只需要看合不合心意，想买房只需要看地段不用管价钱，更不用想家里还有几十万的欠债，狠狠地压在余生上面。

可是，即使真的能够这样，我也还是不会接受，我很羡慕你们，但是我不觉得自己委屈。

因为我知道，如果我示弱了，也许表面上看起来轻松多了，甚至还称得上是光鲜亮丽，但在自己的心里，我的一辈子就完了。

日子，本来就是过给自己的。而心安理得，比什么都重要。

谢煜城说，我没打算包养你嘛，这钱我是借给你的，你可以比照银行给我利息。欠谁的钱不是欠呢？

戚薇笑了。她说，不，我不能借你的钱，因为，我知道，你喜欢我。

天上的云走过一段距离，遮住了太阳，云的缝隙间倾斜出点点阳光，细细的风让接近炎热的天气变得仿佛有些沉静。谢煜城看着戚薇，她安静而坦然地看着他，表情自然，明丽的脸上有着莹润的光。

她说，谢煜城，我也喜欢你。

但是，现在的我，不能站在你身边。我不想给自己软弱的理由。

那是谢煜城最后一次见到戚薇。

毕业后，戚薇的手机号码失效了，她也不曾在网络上出现过。每逢她的生日，每个节日，谢煜城都给她留言，可是都没有得到过她的回复。

谢煜城并没有满世界大张旗鼓、风风火火地寻找戚薇，他的心里也并没有特别期待类似偶像剧的情节发生。他觉得，自己配不上她。

只是，每当有人带着几分玩笑的语气对谢煜城说"土豪我们做朋友吧"的时候，他还是会想起戚薇，想起她骄傲的脸，想起她说，我不能站在你身边。

谢煜城说，我肯定戚薇一定能靠自己的力量改变困境，飞得又高又远。而我，用尽全力，也想要和她并肩。她不可取代，不光是因为我喜欢她，还因为，我喜欢和她在一起时的我自己。她是我不想躺在钱上肆意横行的源头，是我不能软弱的理由。

原本谢爸爸谢妈妈的设想是让谢煜城自在地过日子，家里以后就搞职业经理人那一套，让谢煜城躺在股份上过富二代的日子，心安理得地做一个清闲度日的人就好。

但戚薇消失后，谢煜城开始认真，他谦卑地进入家里的公司，不暴露身份地从底层做起，一个环节一个环节地了解工作的关键。闲时他读很多相关专业的书，踏踏实实地去考资格证，打算真正担起公司的责任，对公司的员工的生计和未来负责。而且他还尽力关注公益。

他不断遇见向他示好的女生，也有几个神情眉眼有些像戚薇的。但她们，终究都不是她。她们太清楚明白地知道每一步怎么恰到好处地走，怎么样用自己的青春和样貌换取最大的回报，这些都是戚薇不会做的。

有时候，谢煜城会想，她们的心的角落里，是不是也曾希望如戚薇般能够坦然地说出，我还有骄傲和自尊，还有未来。

那骄傲，就是戚薇能傲然面对世界微笑的理由。

我的蜜月之旅在马尔代夫度过。就在我打算潜入水底观看另一个花花世界时，我老公举着手机蹦到我面前：有男人找你。

我瞄一眼屏幕，是谢煜城。

对富二代我都是分外给面子的，因为一旦他们有点伤心郁闷，那就是能让我心理平衡的生活乐趣。我说：谢少，我在马尔代夫呢，国际长途啊，话费必须你出。

谢煜城说：我出我出，我是通知你，下个月务必携眷参加我的婚礼。

我震惊：你结婚？不等你女神了？

谢煜城说，不等了不等了，下个月就结婚，马尔代夫。

你能换个我没去过的地方结婚吗？我抱怨，我干脆住这里不回去算了。

随便你，谢煜城说，你家几个人来？把身份资料发到我微信上，我给你们订机票。

他又说，喜帖我就不派到你手里了，我在朋友圈发了图。另外，你千万别送礼，我们不收。

好像我送得起厚礼一样。我边吐槽边打开微信朋友圈，谢煜城果然发了喜帖。

喜帖上，谢煜城和一个眉目清秀的妹子相依相偎，笑容里都是明媚，像所有为了爱情结婚的人一样。

而喜帖的具名是——谢煜城、戚薇。

我忍不住大笑起来。老公晃过来，捏住我的脸：怎么笑得这么不含蓄？

我说，现在我又相信爱情了。说真的，这个世界还是会好的。

是的，这个世界还是会好的，不管曾经如何坎坷跌宕。

只要坚持下去，只要不放弃自己不放弃爱情，就一定会遇到那个值得深爱的人，在某一天。

所有的黑暗都将被苦楚熬出的甜点亮，所有的荆棘，终会开出鲜花。

终于等到你，还好我没有放弃

爱情都是命中注定

他让我安心。夏至说。安心到即使在爱情里遭遇了灭顶般的辜负，仍能够相信他的温暖，期待他的柔软，觉得告别了错误的人，是个足够正确的的决定。

陆之晨对夏至，是一见钟情。

就是那种，人群中望见，立刻就心生欢喜的钟情。

那个瞬间，夏至正从办公桌下探出身来，手里还拿着一个螺丝起子。

我问夏至，怎么钻桌下面去了？

夏至拉开办公桌最下面一层的抽屉，把螺丝起子放回去，说，电脑坏了呗。平时踹两脚吧，它也就识趣地好了，但是今天不知道是不是心气高了，已经不受暴力威胁了。

我们部门没男人吗？我替她拍掉衣角沾染的灰尘，我一指身后的陆之晨：就算部门里的男生搞不定也可以找技术部的同事来发光发热啊，他们又不是白领工资的。

何必这么麻烦，还不就是分分钟的事情。夏至按下电脑的开机键，"滴"的响声过后，屏幕显示出系统启动的画面，她拿起桌上的纸扇，展开，摇了摇，说：你的电脑也出问题了？

可不是。我们办公室的电脑简直都能问鼎老弱病残排行榜了。所以我专程去了技术部请出了陆之晨。

结果陆之晨这厮，愣是呆立在当场，面对摇着纸扇的夏至，露出了小男生初坠爱河的娇羞神情——也难怪，这姑娘，长相清秀性格大方。不矫揉造作的美女啊，总是让人心生欢喜。

夏至倒是没有看出其中端倪，摇晃着那把写着雍正御笔的"朕就是这般汉子"的纸扇，用已经恢复正常的电脑开始了工作。

这年头，男女之间可能因为任何一个理由而发展出暧昧情愫，进而延伸成爱情，闪婚闪恋的事情已经发生得我听见了也不再觉得有什么好奇心，仿佛爱情本该如此。

但陆之晨对夏至的一见钟情，始终停留在只有陆之晨一个人钟情的阶段——因为夏至有男朋友，还是羡煞我等白丁的满分男朋友。

他体贴、温柔、浪漫。夏至爱吃河边上一家老店的手工泡菜，她男朋友就经常把自己的小车往街边一停任由交警抄牌，只为排队买了给她配粥吃。

认识男朋友之后，本有一手好厨艺的夏至就荒废了这手功夫。我们一帮人周末去夏至的小公寓蹭饭，永远都是她男朋友在厨房里忙碌，不管我们去了几个人，总有分量足够口味满分造型精致的食物让我们狂欢。

节日、假日、纪念日，夏至永远是我们公司最早收到花束的那一个，她的那束花也是最大的一束。平时有时间他拉上夏至就出去旅行放松，足迹已经延伸到了南非，旅途上一切琐碎事宜，从来没有让夏至操过心。

总之他就是，夏至开心他就开心，夏至不开心呢，他就能哄得她开心的主，简直是冬天的暖暖贴、夏天的小冰袋。

而且，他还是金光闪闪的海归，在人人称羡的企业独自管理一个部门，多金且有前途，完全是 24K 纯金镶钻男。

在这样强大而无瑕疵的对手面前，刚刚大学毕业，不过是一介 IT 宅男的陆之晨，根本毫无发光的机会。

但夏至和 24K 纯金镶钻男分手了。

她去出差，结果提前一天回来。男朋友那几天正好有个大项目在做，和她联络也没平时频繁，她体谅男朋友辛苦，也没有通知他去机场接，自己排队候到了的士，干脆利落地回了家。

结果门打开，出现的不止是男朋友，还有一个夏至没见过的女生。他们两个拥抱着躺在沙发上看电影，柔情似水，如胶似漆。

夏至说，我可真没想到我会有撞见这种事情的一天，也没想到我会淡定自若地走过他们，走进卧室，收拾了自己的衣服，来时一个行李箱，去时两个行李箱，还替那两人带上了门。

24K 纯金镶钻男过了三天才出现。这三天里，夏至在酒店住了两天，然后找到了一间小小的单身公寓，付了租金，把自己好好地安顿了下来。

24K 纯金镶钻男来见夏至时，我也在夏至新的小公寓里帮忙，还非常居心叵测地带上了陆之晨。

24K 纯金镶钻男带来的不止有歉意，还有一枚硕大的绝对能闪瞎我眼睛的钻戒。

像 24K 纯金镶钻男这种条件的男人身边，当然一定有很多莺莺燕燕围绕，他不去招惹别人，别人也会前仆后继地招惹他。但他对夏至确实是很深情，一直以来品行端正记录良好，直到半年前，他部门来了一个新人。

他说，夏至，她太像我初恋了。男人都是有初恋情结的。我也是一时迷惑于回忆才行差踏错的。我已经和她分手了，请你原谅我，你看，我钻戒都早就备好了，我是一定会娶你的。

夏至笑了。她说，什么时候开始，因为初恋而出轨变成一件理直气壮的事情了？你是一定会娶我的，我却并不想嫁给你。

夏至送客，24K 纯金镶钻男正式变成了前男友。

我正想鼓掌称快，却看见夏至的眼泪真的如断线的珍珠一般滚落，砸到木质地板上，碎成几处，像是她心碎的过程。

然后夏至跌坐在地板上，大哭起来。我不敢说话，陆之晨也不知所措。我们两个缩在沙发上像两只可怜兮兮的小狗，看着心碎的夏至，根本无从安慰起。

哭了二十分钟，夏至止住了哽咽。我见缝插针，开始大骂渣男，以缝补她破碎的心。

夏至并没有附和我。她说，一个人不喜欢你，总不是对方的问题。这段关系走到现在，可能我也有责任吧。夏至说，也许是我忽略过他的感受，让他的心里有了另一个人存在的理由。

胡说。

终于等到你，还好我没有放弃

拍案而起的是陆之晨。

我同意感情出现问题不是一个人的责任，但相比你可能会有忽略，可他做的事情却是对你们关系的直接毁灭，他会这么做，并不是单纯有着侥幸心理想着不会被你发现，而是即使被发现，即使你会受到伤害，他也不愿意收敛。他就是不够爱你。

所以，请你不要责备自己，因为你是我的女神。请你继续做原来的你，那么温柔，而又坚定。

我看着陆之晨，觉得他这一刻好光辉啊。

感情上没有受过伤害的人实在太过罕见，失恋的女生哪里都有。但真的有很多人明明是受害者，却会把问题的根源归结到自己的身上。"如果我温柔一点他就不会这样了吧"，"如果我上进心强一点他就不会这样了吧"，"如果我更美一点他就不会这样了吧"，然后告诉自己，改变了自己就能改变这令人心痛的局面，就能把渣男变成宇宙情圣，就能让浪子回头最终花好月圆。

她们试图通过把问题转换成自己做的不好，来抵消失败感，换取虚妄的期待。

这怎么可能呢？他会做伤害你的事情，他就是不够爱你。

就算是夏至这样能让陆之晨一见钟情的女子，就算是毫无纰漏的仙女，就算够白够富够美，渣男要渣，你还是无可奈何。这就像亦舒写过的，当一个男人不再爱一个女人，她哭闹是错，静默也是错，活着呼吸是错，死了更是错。

他选择了出轨，选择了背叛，而你的选择也就只有要不要原谅、会不会回头了。

夏至没有回头。

倒是前男友不肯作罢，节日假日纪念日，夏至依旧是我们公司最早收到花束的那一个，也还是最大的那一束。可惜了那些娇美的花被夏至果断地扔进垃圾箱。

前男友依旧爱旅行。在途中拍一幅美景就矫情地写一句"我希望你也在这里"发给夏至。夏至不胜其扰，最终拉黑了、屏蔽了他，但前男友就借别人的手机发彩信给夏至。

各种展现长情、专注、忏悔、追忆的手段都用尽了，到了夏至生日，前男友捧着足以埋掉他上半身的玫瑰，等在公司楼下，还大气地包下了公司对面万达广场的电子屏幕，轮番播放他和夏至以前拍下的照片，半小时都不重样的。

都说回忆最有力量。大屏幕上滚动的每一帧画面，都是夏至和他曾经美好的温暖的唯一的爱的重新轮回，如果不是了解前因后果，我都忍不住要劝夏至珍惜这个难得的好条件好毅力的好男人了。

但夏至不。她心无旁骛地对着电脑屏幕敲击键盘，写她的新策划案。

我问她：你不回头看一眼？那些照片还是真的拍得挺不错的，俊男美女，王子公主。

夏至仰起头，看着我笑了，笑容像阳光一样明澈。她说：不回头看的意思，是代表人在向前走。

我要向前走。一定会有比和他在一起更开心更自在更骄傲的自己，在前面等着我。

然后，有一天，我会遇见一个好的人，他不会让我失望，会轻声地告

终于等到你，还好我没有放弃

诉我：对不起，错过你这么久，但是我一定会和你一起度过日夜晨昏，陪你慢慢白头。

前男友终究是放弃了。

有底气的女子不怕失恋。夏至和前男友彻底掰断后，追求者纷纷站起来递上自己的一片诚意，优质金融男、富二代简直不要太多，但夏至好像对爱情已经死了心，新策划通过后天天忙忙忙，公司公寓两点一线，连我约她吃顿饭都要轮候三五天，项目进度告一段落才能成行。

陆之晨倒是没有趁着夏至失恋的空档表露真心。我问他，你放弃了？

哪能呢。陆之晨摇头，又点头：但是我总觉得，我现在还配不上她。

别傻啊，夏至可不是那种只看车子房子钻戒大小的低配女神。我拍他肩膀，近水楼台先得月，过了这村可没这店了啊。

我知道她不在乎这些。但不能因为她不在乎，我就理所当然地觉得自己没有也没关系。陆之晨垂下头，小声说，说车子房子可能太遥远，但心态上，我想成为一个能够配得起她的人，不然，我凭什么站在她身边？

这小子，可以啊。我赞赏地又拍他肩膀。男人给女人真正的幸福，靠的从来不是长相或者财力，而是能不能担当有没有肩膀——当然，有长相和财力，那就更好了。

年终的公司年会上，要跟夏至碰杯的男生格外多。最开始夏至挺有礼貌地一口一口喝着，一而再再而三的，就有点醉意了。

我说，喝醉了也好，何以解忧，唯有杜康。

夏至看着我，微笑。她说，我已经走出来了，真的，我已经不再为渣男有任何情绪波动了。

我给她再倒上一杯红酒，自己也端起杯子和她清脆地碰杯：不管有没有情绪波动，我们今天不醉不归，明天醒来重新做人，卷土重来。

好。夏至右手举起酒杯，左手伸出纤纤玉指，越过人海，指向坐得很遥远的陆之晨，说：我要是醉了，让陆之晨送我回家。

我说：哟，你俩终于频率一致了？

他让我安心。夏至说。安心到即使在爱情里遭遇了灭顶般的辜负，仍能够相信他的温暖，期待他的柔软，觉得告别了错误的人，是个足够正确的决定。

人生不断地在告别，会过去的东西太多。

生命本就是一个不断告别的过程。那些暂时搁浅的再无回头的，都是未来人生的奠基和营养。其间的一分一秒纵然难熬，也只得自己一寸一寸地熬过去。

曾经拥有的娇艳花朵，钻戒耀目的光，对爱情天真的希望，盼和某人终老的快乐，都不是虚假，但也都过去了。失去它们时被依依不舍所撕裂出的伤口，总会愈合。

举凡过去，皆为序曲。

这是人生最深的残忍和最终的温柔。

爱得深，爱得早，不如爱得刚刚好

爱情是很寂寞的一件事情。全世界都说他不爱你，你也知道他不爱你，但是你依然爱着他。

情人节这天哪里都人山人海。幸福的情侣们牵着小手在寒风里通通摆出有爱情就足以抗风寒的志得意满的模样，我裹紧了大衣，快速穿行过满坑满谷满街满地的情侣，进到 Yvonne 的咖啡店里。

Yvonne 今天仍开店营业。于是我们一帮单身的、有伴侣但是伴侣出差的狐朋狗友终于在情人节有了个安身之地。

我刚刚坐稳，捧着 Yvonne 特制的热巧克力打算好好享受一番时，李辰推开门走了进来。

他还没落座，就咋咋呼呼地嚷起来：趁我还有命在，赶快给我灌一杯长岛冰茶。

我们还没问为什么，他又说，隋心会恨死我的。我逃婚了。

哈？我们集体瞪大了眼睛。

隋心约我今天去民政局领结婚证。我昨天答应了，今天在去民政局的路上却反悔了，所以我就逃婚了。李辰抢过我手里捧着的热巧克力，一饮而尽：隋心不会现在还在民政局的大门前杵着吧？

一票损友看着他，继而面面相觑，都满腹疑问，却都不知道该怎么发出第一声。

李辰，男，爱好男。隋心，女，爱好，男。这两人要领了证，那就是实打实的形婚。

重点是，隋心她是知道李辰的取向的，而她也有一个相恋了九年的男朋友李翔，两人一直不是夫妻胜似夫妻地过着小日子，可为什么隋心会忽然要跟李辰结婚？

他们崩了。李辰说。隋心和李翔两个月前分手了。然后隋心在前两天得知，李翔结婚了。

所以隋心铁了心，决意把自己尽快嫁出去。

李辰贫贫地说，我觉得吧，我还是适合当株野生在山谷里的百合，不适合跨入婚姻相夫教子。

过儿一会儿，他的态度变得庄重起来：隋心这么好的姑娘，不该这样被毁了一生。

我打电话给隋心，约她第二天下班后一聚。她说，你要没事，就现在来我家吧，反正我明天不上班，要聊多久都行。

我披风踏寒地到了隋心的小公寓，她正在做红酒烩梨。暖烘烘的公寓里红酒的香气足以让人微醺，一派温暖如春的感觉。

隋心做完红酒烩梨，递一杯给我，第一句是，我失业了。

不是失恋吗？我茫然了一瞬，然后想起来隋心吐槽过的单位的几个最爱家长里短的同事。

李翔工作体面，收入颇丰，对隋心体贴入微，还长相俊朗，连身高都让人无从挑剔，隋心自然成为了让人艳羡的目标。但也有几个同事，经常状似无意实则有心地刺隋心一句：这么好，这么爱你，怎么就拖了这么些年还不跟你结婚呢？

隋心最初不甚在意，但时日过去，她已迈入了晚婚年龄，李翔却从来没有向她表露过结婚的意愿。

事情在心里磨久了就成为一根尖锐的刺，日夜刺着隋心的心。在二十八岁生日的那天，隋心面对着李翔献上的二十八朵艳丽玫瑰，问了句：我们什么时候结婚？

在隋心的认知里，求婚这种事情应该是由男方提出的。但李翔的不动声色，终于逼得日夜心悬的她问出了口。

李翔沉默了一下，说，隋心，结婚这件事，我还没准备好。

可是，我已经二十八了。隋心说。

李翔又沉默了一下。然后他说，最近五年我都不会考虑结婚这件事，如果你要逼我，那就分手吧。

好啊，分手就分手。隋心说。

她心里并没有觉得这句话是真的，两个人在一起九年，彼此的生活习惯、交际网络都已经严丝合缝，说句分手也不过是一时气愤，过两三日，李翔来哄哄她，也就好了。

说不定分手几天，还能让李翔正视婚姻这件事。

结果没想到的是，李翔就此在隋心的世界里失了踪。到隋心想要低下头去找李翔时，却得到了他已经结婚的消息——对象是个比隋心小六岁，家境优渥不用工作，整日吃喝玩乐旅游 shopping 的天真女生。

隋心到这个时候，才把李翔近半年来频繁的出差、加班、相处中日渐平淡的态度和他也许已经早已出轨的事实对应起来。

疯狂得像是在电视剧里才会发生的事情发生了，却不过印证了现实比编剧的逻辑更离奇更残酷的真理。

不过两个月，一切都不同了，李翔放弃隋心，却选择了婚姻。世界调转了一个角度，隋心失去了平衡，天旋地转。

失去的不止是平衡感，还有尊严、自信、青春、朝气，和全世界。

想到单位里那几个三姑六婆终于得偿所愿的脸，隋心选择了即时离职，放弃了那个安逸得一辈子可以不用想将来的职位。

她暂时没有力气去面对任何事情。

那你也不能选择嫁给李辰啊……我叹息。

隋心苦笑。她说，我在民政局门口等着李辰的时候，忽然很害怕他真的会来。由此可见，我对自己的人生，还不算完全放弃。我本来以为，我已经报废了呢。

我看着她灰败的脸色，也只能说，会过去的。

会吗？

会的。熬过今天，明天就会好一点。熬过明天，后天又会好一点，心里的伤，过段时间，总会好的。

终于等到你，还好我没有放弃

但遗忘这种事情，大概和时间没有关系。

李翔结婚半年后，隋心还是赋闲在家。周末下午两点，我和李辰摸到她家里时，她还没起床，两眼无神地顶着一头乱发，失智老人一般打开门，向我们呈现出她已经毫无章法的家。

我气急败坏，又心疼，说，隋心，你不是说你没有报废吗？

我没有报废，我只是残废了。隋心叹气。我大概只能带着遗憾孤独终老吧。

我明白。隋心遇到的这种毫无转圜的摧枯拉朽的分手方式，适应不良是人类的正常反应。

李辰试图调节气氛，他小吹了一声口哨：baby，我还是可以娶你的。但是我觉得你一定能找到比我更好的人。西方近代优秀文学作品的主线一般是人生是苦难的，活着的过程就是自我救赎的过程。

隋心反爱情，李辰反智力，而我哭笑不得。

看着隋心的眼睛，我读出的是深深的无力和荒凉。

因为爱情。

爱情是很寂寞的一件事情。全世界都说他不爱你，你也知道他不爱你，但是你依然爱着他。

爱情也是很疼痛的一件事情。所有人都说他不值得，你也知道他不值得，但是你不能不爱他。

可是生活还是要继续啊。

我问隋心，你什么时候重出江湖？

隋心摇头：我不知道。虽然我的存款已经全部用完，信用卡也透支了，但我已经丧失重新投入这个世界运转的兴趣和能力了。

我能明白她的放弃。因为没有给自己留下后路，所以轻易地就被摧毁得面目全非。之后必然的寂寞和荒凉，都是她必须面对的劫难。世间七苦，除了生老病死之外，更苦的是怨憎会、爱别离、求不得。

但我希望她能坚强地越过去，遇见一个更好的人，从此岁月安好，春暖花开。

我说，隋心，我求求你，振作起来。我希望你不要成为被男人利用、消费到渣都不剩，然后就此滚到沼泽里烂掉的傻女人。离开一个错误的男人和离婚一样，都是为了止损。你一切不甘心的动作只不过是让自己越发可怜而已。你闭门不出，你自暴自弃，甚至你开始放纵浪荡，在不珍视你的人眼里，也都不过是笑话而已。

隋心不说话。

一个星期。我说，隋心，我给你一个星期超度你最后的自哀自怨。你的卡债我来还，你的生活我负责，一个星期后，请你重新出发。

我明白你现在的不甘心。你觉得不公平。这种时候，放纵自己是最容易也最轻松的事情，但随心所欲的现在会造成更加悲惨的将来。你得重新站起来，因为你必须站起来。第一步，认清事实——李翔不爱你了。或者他在你们分手前就已经和别人暧昧，但你们破局的根源，不是你不够好，而是他不爱你了。即使你的人生全部毁掉，不爱你的人也并不会有什么损失。

人必自辱，而后人辱之。人要自爱，才会有人真的爱你。任何人不爱你这件事，不会影响你的存在价值。而你现在要做的只有一件事，就是好好爱自己。你要立刻止损，再不甘心，也请你扔掉他扔掉记忆，不要让他再有伤害你的机会。你要立刻放手，治疗自己让伤口愈合。正确地报复把你置于这种悲惨境地的人的方法，就是你自信、自爱、心安、平静，过得比和他在一起更好。

人生本来就充满无数的失望，所以每个人都必须更加善待自己。你前面的路并不是一片康庄，甚至还可能会是悬崖，但纵身一跃，也比蹲守在原地寂寞枯死来得精彩和肆意。也许不容易，但这些不堪的、刺痛你的事情，你必须学会接受和应对，然后将其升华为人生经验。

你做这一切，不是为了证明给李翔看他失去了什么，而是为了证明给自己看，如果沉沦，损失是什么。

隋心的头发垂下来盖住她捂着脸的双手，隔绝了光，我听得到她的恸哭。

半小时后，她止住了抽泣。她说，我要去趟日本。

我立刻拿出手机，给她订了机票。

隋心很喜欢樱花，她曾经计划蜜月去日本，追踪樱花由温暖的日本列岛南端向北方沿着纬度依次开放形成的由南向北推进的"樱花前线"。目黑川的樱并木，新宿御苑的寒樱、枝垂樱、染井吉野，秋叶原上野恩赐公园的"樱花通"，那是隋心曾经计划要和李翔一起看遍的风景。

但当前尘狼藉一地，她也只有自己去徒然地完整这个结局。

她去了日本，然后发现，再绚烂的一朵樱花从开放到凋零，也不过只是七天时间，凋了，就果断离枝坠落。就像一段情感，也许总会有个尽头。

李翔成为遥远的影子，影影绰绰地在她心间凋落成伤口，隔着再也不想靠近的距离。

那些细细碎碎不复再得的痕迹，便是爱过的遗迹。

樱花七日，从此再无来日方长。所以，算了吧。

那个瞬间隋心忽然发现，她失去的已经够多了，如果再持续下去，学不会止损，每为已经失去的部分沉溺一秒，能够享受的未来美好人生就会减少一秒。

这是双倍损失。

未来漫长，总有起伏总有失望，总有除了自己别人无法给予协助的时候，但生活着就是最美好的事情。人生满是荆棘，再惴惴不安再心神志忑也必须自己咬牙熬过去。

而既然无论如何都必须面对，当然笑着比较好。

从日本回来后，隋心开始打理心情和发型，生活也回复到逐渐有规律，定期和我们聚会，一份一份投出简历，细细甄别后得到了一份虽然常常要出差，但前景很好，钱景也不错的工作。

一年后，在 Yvonne 的店里，隋心亲手给我弄了一杯热巧克力。

李翔前天来找我了。她把热巧克力递给我时说。

干吗？打算上演世纪大和解呢，还是上演世纪大复合呢？他那么快找到新欢是因为他得了绝症不想拖累你而演的一场戏呢，还是因为和你分手借酒浇愁结果不慎落入新欢的圈套为了负责而娶了人家呢？我翻白眼。隋心你可别说你原谅他了，你打算和他从头开始。

李翔没有解释为什么做出和别人结婚的选择，他说只是想来看看隋心过得好不好。

可是，我过得好不好，和他还有什么关系呢？隋心说。

不过我过得好不好，还是要跟你汇报一下的。隋心拿出一张喜帖，递给我：这一次，我大概找到了对的人，他没有让我等待九年换回一场空白，他和我认识了八个月，然后告诉我，我就是他确定想共度余生的那个人。而这一次，我思考的角度，不是绑住他好安稳我的下半生，也不是借由婚姻来实现自己的价值，我会和他一起面对婚姻里的点滴琐碎，谁都不寄生于谁，但一定互相支持，一起营造更好的属于我们的生活。

爱情的厚薄，原来不在时间的长短，而在是不是两个人正合适。虽然只认识了八个月，但这一次，时间刚刚好，对象刚刚好，我也刚刚好。

她的笑容云淡风轻，美极了。

是的，只要步履不停，就一定可以遇见。值得等待的人和事，是不会舍得让你等太久的。

你要相信，在你的生命里，所有正确的事情，都一定会在正确的时间出现。即使中途会有疼痛寂寞，悲凉伤口。但过了今天，明天就会好一点。过了明天，后天一定会再好一点。

每个劫数，时光会替你善后。

你要做的，只是在遇到他之前，好好地，好好地，珍惜自己。

真正爱你的人，
不会让你等太久

每个人都是另外一个人的傻瓜，付出最纯净的心和爱，即使最终收获的是破碎一地的伤，却仍然在心里恋恋不舍。

柠檬又在一个雷雨交加的深夜发微信给我。

她说，韩雨今天心情不好。

我说，别跟我提这个人好吗？我管他去死。

你这个人，柠檬叹息，怎么说他也是你学长，你怎么这么刻薄冷酷不念旧情呢？

要念，也得有情可念。不然，不如相忘于江湖吧。

这个道理，我懂，柠檬不懂。

或者，她不想懂。

终于等到你，还好我没有放弃

她没法放着韩雨不管，她说：我看着他寂寞的样子，就会心疼啊。

那谁来心疼你？我忍不住冷嘲热讽：你不该当他的女朋友，你该当他妈。哦，不对，你不是他女朋友，你就是一备胎。

我是韩雨的女朋友，我是他的初恋。柠檬说。她的语气，一字一句，有着不容置疑的坚持和相信。

有时候，真不明白为什么有人愿意在爱情里那么卑微，而贪恋的，又究竟是什么。

就像柠檬。

柠檬其实不乏追求者。但她却固执地守着一份爱情，直线、单向、永不言败。

柠檬的王子是她大学的学长韩雨。大一时柠檬加入校辩论社，一场辩论之后，从未恋爱过的少女心就被韩雨牢牢擒获。

明朗少女柠檬大方地向韩雨告了白，然后顺利地被韩雨牵起了手。从此学校的角角落落就留下了两个人甜甜蜜蜜的爱情印记，郎才女貌，男帅女美，青春相伴，羡煞旁人。

一开始就能幸运地遇到那个人，到最后就能安稳甜蜜地过一生，这是王子公主的童话。而现实，总是没有那么顺遂。

韩雨毕业后，去了上海。晚韩雨一年毕业的柠檬，家里给她安排好了一个稳定的工作，却离上海十万八千里。

韩雨很喜欢上海，在那里也发展得很好。而柠檬清楚家里人为了这份工作付出了多少心血和精力，却又舍不得爱情。她和韩雨维持着异地恋，并不丰厚的工资全部奉献给了交通部门。

只是异地恋，破局的成分太高。这样两地相隔一年半之后，韩雨说，柠檬我累了。要不你来上海，要不，就算了吧。

柠檬说，你给我点时间，我好好地说服家里人，然后我就来上海。

花了半年时间，柠檬终于让家里同意她为了爱情放弃故里。柠檬收拾了行李，兴冲冲地奔赴上海，奔赴爱情。

下了飞机，她打电话给韩雨，她说你猜猜我在哪？我在浦东机场，惊喜吧？

韩雨没有惊喜。他说，柠檬，我有女朋友了，她是上海人。

柠檬还记得那天坐在大大的两个行李箱上，仰头看着上海的天空的感觉。阳光很亮，刺痛瞳孔，眼泪就流了出来。

不知道过了多久，阳光隐去，暮色降临，一辆车的车灯忽然亮起，照在柠檬的眼泪上，反射出水光。

柠檬眯起眼看过去，才发现自己正挡在那辆车驶离停车位的正前方。她慌乱地站起来，慌乱地擦掉眼泪，慌乱地用力推开重重的两个行李箱，好让出路来让车通行。

路让开了，车却没径直开走。一个男生关掉了车灯，走下车来。

走到柠檬面前，他伸出手，递给柠檬一罐雀巢咖啡，然后说：你去哪？我送你吧。

柠檬说，我不知道。

她又说，我没有家了。

她是真不知道。不知道应该立刻买机票回家，孤单地祭奠自己无疾而终的爱情，想念自己宿命里唯一的王子，还是应该勇敢地去拼去抢去抗争，重新登上属于她的南瓜车，回到韩雨专属的公主位置。

替她做了决定的是那个男生。他说，如果你信得过我，就跟我走吧。

他又说，我叫李然，我家在 XX 小区 X 栋 XXXX 号。

柠檬并没有听清楚那个地址，也没有想过如果他是坏人会如何。她的脑海里都是韩雨的脸，她把行李箱交给了李然，然后上了那辆车。

李然并不是坏人。甚至，他是个慷慨的好人。他收留柠檬住在他两室一厅的公寓里，还替她煮了碗牛肉面。

柠檬开始了在上海的新生活。她揣着文凭找工作，在繁华的上海街头靠着手机导航懵懵懂懂地一个公司接着一个公司地面试。

韩雨并没有对柠檬避而不见。他会在工作日时约柠檬出来吃个午餐晚餐，为她的求职之路提供建议。他的声音温厚，意见中肯，柠檬托着腮帮亮着瞳孔看着他，仿佛仍活在大学时两人在雪地里拥抱亲吻的亲密里。

青春是一条漫长的路，而韩雨是柠檬的光。他是她第一个爱人，也是她唯一的爱人，是她不能割舍的人生。

柠檬说，韩雨，如果我留在上海，你会和我重新在一起吗？

韩雨没有点头，却也没有摇头。他伸出手，如往常一样揉揉柠檬的头发，笑着说，傻瓜。

两人分开后，柠檬回到公寓，坐在镜子前，看着里面两颊绯红的自己。她想，那些揉着蜜糖的过往，是韩雨也不舍的时光。

她微信韩雨，她说，世界上最美好的，是你。而我相信，爱你的我，一定能和你在一起。

对于柠檬坚持的爱情，李然并不了解，也不过问。他没有工作，专心准备着语言考试，说是要移民新西兰，和父母姐姐一起。

他倒是介绍柠檬去了一家广告公司。公司规模不大，却也能替一些大品牌做些全案服务。

柠檬任职策划，这并不是一份轻松的工作，客户常常为了一个字一个句子反复纠结，最后推倒一切重新再来。想不到新的文案好的方案时，柠檬常常焦虑。

她一焦虑，就会想起初到上海那天仰望的天空。只有韩雨，可以缓解她的焦虑。

她和韩雨的交流和从前异地时也没什么两样，总是她有空闲了，就在QQ上敲韩雨，和他聊发生的事情，自己的心情，任何的琐碎。韩雨依旧和从前一样，回应她的情绪，安抚她的焦虑，关心她的细枝末节。

他们一周也会约会两到三次，牵手，接吻，亲密得如同所有情侣一样。有时候，柠檬会觉得，自己和韩雨并没有分手。

爱情总是最终的赢家，不是吗？

九月底，柠檬接到通知，因为项目要出差一个月，只有三小时给她回家收拾行李。她敲韩雨却没有回应，打电话，通了却没有人接听。

柠檬回家收拾行李时，李然正坐在客厅的沙发上看电影。收拾完行李，看看时间尚有一小时的空余，柠檬想了想，央了李然，送她到韩雨的公司楼下。

她下车时，韩雨正好从公司大堂走出来。柠檬迎过去，还没来得及开口说要出差的事情，韩雨先开口了：你来这里做什么？

那语气过于冰冷，让柠檬有些猝不及防。

我要出差，她说，我……

柠檬还没说完，有个女生就从韩雨背后赶上来，她看看柠檬，又看看韩雨，饶有兴趣地问：韩雨，这是你老婆吗？和你很配呀。

不是。韩雨笑容自然，像是柠檬根本没有站在他身边。

这是我学妹，找我有点事。

柠檬怔住了，她没有想到，韩雨竟然已经结婚了。她恐慌得下意识地去拉韩雨的手。

韩雨躲开了。他小声说，柠檬你乖，别闹，这可是我公司。

在去机场的路上，柠檬一直坐在副驾驶座失声痛哭。

李然安静地开着车，只是在送她进入候机室时，递给了她一罐雀巢咖啡。

他说，会失去的东西，其实从来没有真正地属于你，所以，不必太惋惜。

总有值得疼惜的人毫无道理地遭遇背弃，彷徨无依，而旁人除了些许的陪伴和安慰外，也只能残忍地直说，真的没有任何特效药，再艰难，你也得自己熬过去。

出差的那一个月，韩雨没有和柠檬联系。倒是李然，一改平时安静沉默的秉性，每天从早到晚微信柠檬，提醒她吃早餐午餐晚餐，对她低落的情绪给予安慰，和她一起商讨应付难缠客户的方案。

柠檬忍不住问李然，你为什么收留我？

因为那天在机场，你坐在行李箱上看着天空时，那模样，像极了一只无助的小羊羔。

而李然，也曾经是一只无助的羊羔。

他也曾爱过一个女生，爱了几年。比柠檬更卑微的是，他从来不曾站在阳光下，他只是一个备胎。

李然去新西兰并不是单纯为了和家人团聚，而是那女生在失恋后对他说，如果你在新西兰就好了，这样我难过时，至少有个肩膀，随时让我依靠。

　　只是，李然还没成行，就得到了女生又恋爱的信息。他看着女生微信里一脸甜蜜地依靠在另一个人肩膀上的样子，黯然地打开了《大话西游》这部电影。紫霞带着绝美的微笑说，我猜中了这开头，却没猜中这结局。他想，或者，每个人都是另外一个人的傻瓜，付出最纯净的心和爱，即使最终收获的是破碎一地的伤，却仍然在心里恋恋不舍。

　　在送柠檬去机场的路上，他听着柠檬的恸哭，像是跳出桎梏，灵魂升上天空，俯瞰着被困在爱情里的自己。

　　那个时候他才发现，他以为困住自己的是爱情，却原来，只是不甘。时间成本花得越多，被自己感动的成分便越高。以为自己是对方唯一的依靠和救赎，是最后一根救命稻草，但死死抓住那根稻草的，分明是自己。这份情感里，从来只有他自己孤军作战，独自前行，没有人和他并肩共往。他曾经以为花好月圆的彼岸，也许只会更加荒凉。

　　因为，她不爱你。

　　真爱你的人，从来不会舍得让你等待太久。而不爱你的人，等待一生，也只会落得个虚空。

　　李然说，我终于发现，世界上最美好的并不是她，而是我爱着的她。我解脱了。你呢？

　　回到上海时，项目得到了客户的认可，签下了未来一整年的全案服务。柠檬拿到了一大笔项目奖金。她约韩雨：我请你吃饭吧。散伙饭。

　　韩雨如约出现在餐厅，他先到，选择了柠檬最喜欢的靠窗边的位置，

终于等到你，还好我没有放弃

像是一场多年不见的老朋友的聚会。

柠檬站在餐厅外，远远地看着韩雨。少女柠檬第一眼见到的韩雨和眼前这个韩雨，都有着清朗的眉眼，让人心暖的笑容，好像并无二致，却又有着远隔天涯般的不同。

她爱过他，等过他，却没有恨过他。她得到过，贪恋过，最终失去了。

而韩雨定格在她瞳孔的身影，已经是一场天荒地老，那就够了，又何必回眸相送十八里呢。

柠檬没有走进餐厅，她拿出手机，给韩雨发了一条信息。

她说，我祝你幸福，衷心的。

然后她转身，就看到了送她来时就一直停在路边的李然的车。

她走过去，拉开副驾驶座的车门，坐进去，系好安全带。

李然吹了一声口哨，发动了车。

他说，柠檬，恭喜你，被郭德纲甩了才有机会和小鲜肉恋爱呀。等你准备好了，我们约个会试试看吧？

柠檬说，你不是要去新西兰吗？

不去了。李然说。那边没有我的爱情。而上海，有你。

从前没看出你是这么肉麻的人啊。柠檬摇摇头，笑了。

从前没有看出来的，以后你有的是时间和机会慢慢发掘。李然说，同样被爱伤过的人，会懂得爱情真正的珍贵和价值。爱情，就像一本书，即使最后没有成功，但相爱的温暖和珍贵会永远留存，并且让人有继续爱下去的勇气。它就是我们心底，有着彩虹色光环的部分。不是吗？

也许，是的。

因为，世界上最美好的并不是你，而是我爱着的你。

车子平稳地奔驰在路上，柠檬又想起初到上海那天仰头看到的天空。

　　此刻她抬起头，透过车子的天窗看向天空，那种蓝安静温润如沉水，阳光柔和地落下来，降落在眼里，带着七彩的虹色光环。

如果认识的人不能相亲，
那就相爱吧

一生中遇见的人无法计数。过客居多，能够铭记的太少。但只有一个人能教
会你，什么是今生所爱，什么是温暖自在。

可乐最近很不乐。

二十五六的姑娘，能让她愁眉深锁的，除了工作，就是感情了。

偏偏这两件事情，同时出了纰漏。

可乐的男朋友，是她的同事。可乐刚进公司时，男朋友是人事部指派
给她的入职指导。前辈嘛，总是自带主角光环的，加上又对可乐照顾有加，
来来去去的，可乐和男朋友日久生情，自然而然地便在一起了。

公司也没有不允许内部恋爱，因此他们也没有特别掩饰恋人关系。

原本是个最普通不过的爱情故事，但问题在于，男朋友的妈妈总觉得

自己的儿子是全天下最优秀的人，横看竖看都觉得可乐配不上她儿子分毫，因此哭天喊地地要求男朋友和可乐分手，寻找更好的对象，以让未来的发展更顺遂。

可乐看过男朋友的妈妈给他发的短信，写着"一定要找个家境好的，以后我们也轻松"。

可乐是单亲，母亲虽然勤劳节俭，但要嫁女儿陪套房的话，还真没可能。

她把手机还给男朋友，问他：你把你妈发给你的短信给我看，是几个意思？是打算直接分手吗？

男朋友说，只是希望可乐能体谅自己的苦衷，他会为了爱情而努力抗争的。但是现在家里安排了一个相亲，因为关系到熟人，实在开不了口不去。他去应付一下，然后拒绝掉，希望可乐不要介意。

可乐实在不知道该用什么表情应对，她只得沉默。

于是，可乐的男朋友去相亲了，而且还相成功了。他妈妈得意扬扬地打电话给可乐，终结了男朋友在可乐面前编造的应付完就拒绝掉相亲的谎言。

可乐质问男朋友，男朋友坦言，对方条件确实很好，结婚不要房不要车，还能陪房陪车，父亲又是实权人士，女方自己是公务员，实在无法拒绝。

但他说，他爱的还是可乐，只是确实无法立刻决断。

可乐哭了几天，最后和男朋友提了分手。

男朋友说，既然你连这点理解和包容心都没有，那就算了，我成全你。

可乐想，自己这叫什么恋爱啊，男朋友明明是加害人，却仿佛他才是原告。

她也只能告诫自己，以后恋爱不再草率，毕竟，感情这件事情，和一个人谈，会越谈越厚越浓，但和不同的人谈，只会越来越淡越薄。

她不想再哭了。

狗血的是，失恋了两个月的可乐，遇见了男朋友回头求复合这样小概率的事件。

更小概率的是，在单位的例行体检中，男朋友的报告显示，他得了白血病。他哭着对可乐说，直到这一刻，他才发现，最爱的人永远是可乐，既然生命用这种极端的方式启发他最终发现真爱，那么他必然不能不直面自己的内心，即使赔上自尊，他也要追回可乐。

男朋友的妈妈也郑重地打电话给可乐，希望可乐原谅她以前的世俗和无礼，表示再也不挑剔可乐的家境和单亲，甚至还邀请可乐去她家做客。

然后，在一个周五下班的时候，男朋友在公司大堂，捧着盛放的玫瑰，下跪向可乐求了婚。

可乐措手不及，接下了那束花，让男朋友把戒指戴在她的手指上。

回到家，可乐和妈妈商量起这件事，妈妈说，如果你真的爱他，我没有意见。

可乐不知道自己还爱不爱男朋友。经过那些狗血的曾经，她对他已经没有敬意，但想到他的生命可能无常到所剩无几，又不忍心让他孤单失落地去面对末路。

她恍惚地发了朋友圈，问，男朋友可能得了绝症，我该不该嫁?

五分钟后，她后知后觉地发现，自己原本打算选择好友可见发送，却因为精神恍惚，发成了所有人可见。

她扑向手机，打开朋友圈，要删掉那条动态。

短短几分钟，已经有五六个人点了赞。但评论只有一条：

如果他不主动求婚，你可以自己考虑要不要嫁给他。

如果他主动求婚，千万不要嫁。哪怕最后发现是误诊，哪怕能治好，也千万不要嫁。

因为在这种情况下，会要求你嫁给他的人，绝对不是真的爱你。

那一刻，可乐也确定了自己的想法。其实她也知道，男朋友会回头找她，大抵是因为男朋友的相亲对象因为男朋友的身体状况，终止了交往。她不过是男朋友的安慰奖，是他失败里的陪衬。

可乐最终删掉了那条动态，却对那个回复的 ID 一头雾水。

她打开通讯录，发过去一条讯息：请问，你是哪位？

然后她给男朋友也发了一条讯息：我们分手吧。

周一到公司的时候，可乐发现，她已经成为了不能共患难的代表。男朋友的妈妈甚至等在她的办公桌前，声泪俱下地控诉她的泯灭人性，冷酷无情。

上司把可乐叫进办公室，告诫她注意影响，说一个道德品质好的员工，不应该在这个时候和男朋友分手。

可乐冷眼看着这一切，觉得荒唐可笑。她直视上司的眼睛，问她：如果是你，你嫁吗？

然后在上司躲闪的视线中，可乐扔下一句"我辞职"，离开了公司。

她是在这个时候收到的微信，那个给她留言要她不要嫁的 ID 回复了一个名字：宋哲。

可乐想起来了，那是一个项目的合作单位的负责人。

终于等到你，还好我没有放弃

不过现在，已经和她没有关系了。

失恋，失业，背上冷酷、人性缺失的名声，可乐想，人生最低谷，也不过如此了。

但宋哲不这样认为。他说，你嫁给他的话，人生才是最低谷。

说这句话的时候，宋哲就坐在可乐对面，对着西冷牛排细细地一块一块切开，他的手指修长，移动着银光色的餐具，发散着稳重的气场。

坚持请宋哲吃饭以感激他于人生最关键处替她踩下了命运的刹车，可乐笑了，她说，哎，我怎么觉得你特像霸道总裁啊，一眼就看到问题的关键处，然后毫不留情地点破，不在意当事人的心情，毫不虚伪。

宋哲没笑。他说，你记得吗？你给过我一张创可贴。

和宋哲合作的项目，可乐是甲方，宋哲他们是乙方。方案演示时，宋哲在不经意间被锐利模型划破了手。他拿了张纸巾裹住手指，继续演示。

五分钟后，可乐递给他一瓶络合碘，一包棉签，和一张创可贴。

宋哲说，那创可贴上还有 Hello Kitty 的图案呢，我这辈子都忘不了。

作为乙方，被甲方百般挑剔的事情没少经历过，但像可乐这样出于自然的关心和关切给他一张创可贴，宋哲可从来没遇见过。

他说，我当时还以为你看上我了呢。后来发现，你压根也没打算和我发展私交啊。可见你这个姑娘，太单纯了。

太单纯了，所以才会落入泥淖，举步维艰。不及时把你拉回来，我怎么对得起 Hello Kitty。宋哲说。他又问可乐，你接下来该怎么办？

我想去旅个游散散心，然后回来找个新工作，重新出发。

我还以为你会换个城市以躲避流言蜚语呢。宋哲说。

可乐浅淡地笑了。自从变成单亲之后，她根本不在乎那些三姑六婆的蜚短流长。她早就知道那些人不过是因为自己的生活过于苍白空虚，因此爱拉扯旁人家的事情作为谈资来点缀自己惨淡的生活而已。谁说什么，伤不了她，因为她根本不在乎那些人。

你要是知道那些人对于你的看法和议论是多么偏执无由，你就会知道，由得他们去吧。

是的，有人说过，开自己的车，吃自己的饭，交自己的朋友，过自己的生活，承担自己的喜怒哀乐，人只是自己。这样的人生态度不错。宋哲说。

他又说，去旅游也不错，不过别忘了给我寄明信片，最好还带点纪念品。千万别怕太贵。

还有……他掏出手机，递给可乐：把你所有的联系方式留下来，社交软件也都加上我，万一遇到个危险，也有人知道你的下落。

可乐花了六个月，背着包自己一个人在全国遨游，所有想去的地方都去了。

走了这么多地方，但那些名胜的记忆留存极其淡薄，反而是在不知名的小乡村，坐在门槛上看雨时清凉悠闲的感受，深深刻印在心里。

可乐结束了旅游的行程，回到家，重新修整了发型，整理好心情，开始投递简历。

兜兜转转了一个多月，还是没有找到合适的工作。

她跟宋哲吐槽说，这跟相亲一样啊，在最短的时间里，摊开所有条件和表露所有要求，既要让对方满意自己，自己也得满意对方，太需要运气和技术了。

宋哲耸耸肩，吐槽：好像你是相亲达人一样。

终于等到你，还好我没有放弃

我还真得去相亲了。可乐叹气，转眼就要二十七，虽然我妈没给我压力，但是我确实想找一个正确的人，相依相伴的，共度余生。

　　我还以为你不再相信爱情了呢。宋哲说。

　　可乐摇头。爱情她是相信的，她只是不再那么盲目地期待爱情。经过这些跌宕起伏，她修炼出了坚硬的外在，但内心仍然有个柔软的温暖的期盼，即使害怕再次失望再次受伤，也还是相信会有那么一个人懂得她的心情，伸出手就触摸得到她的心疼。

　　她走过了很多地方，遇见了很多爱情。客栈里的情侣，奶茶店里的留言本，西塘风雨桥上刻下彼此名字和爱情誓约的恋人，行走在敦煌落日余晖下的孤独女孩。每个人都有自己的爱情，每个人都有心酸，但即使心已经碎成了渣渣，她却仍然愿意相信，还是会有一个人，有一天，他一定会来，即使中间隔着漫长的等待，望穿天涯。

　　当他来到她的面前，她用于武装自己的铠甲便会因为他的真心而柔软成羽毛。她会变回最初最纯真的对爱情相信和依赖的自己。

　　所以，可乐愿意继续相信，继续等待。等待那个即使明天就会失去生命，她也愿意一往无前地嫁给他的人。

　　宋哲鼓了掌。他说，fighting，fighting，fighting。（加油，加油，加油）

　　找工作，到底比找终身相伴的对象容易。可乐找到了自己满意的新工作，宋哲说，我请你吃饭吧。

　　庆祝我找到工作？可乐笑，工作是生存的必需品，没有什么值得特别庆祝的啊。接下来，就是伺候各种甲方大爷心力交瘁到无法为了个人情爱憔悴忧伤的人生了，倒是值得为了这个而大吃一顿。

吃饭前，可乐拉着宋哲逛了一圈街，试了很多的裙子，找寻合适的配饰、鞋子和包。可乐说，我得去相个亲，对方说喜欢女生穿裙子。我这半年满世界游走的，已经都忘了裙子的气质该如何塑造啦。

宋哲静静地陪着她逛，不提供意见，也不表露态度。可乐终于选好了一件藏蓝色的裙子，要宋哲从男生的角度提供看法。

宋哲细细地打量了一下从试衣间里出来的可乐，慢悠悠地说：我的意见是，你别去相亲了。

可乐挑挑眉，不说话。

宋哲又说，要不，你和我相亲吧。

可乐说，那怎么成，我们本来就认识。

说认识，却又不常见面。说不熟悉，但陪着她走过失恋失业的低谷，在她满世界转圈时每天询问她到达哪里，是否安全，是否开心。他把可乐的旅行计划像做项目一样做了分析，她每一天在哪儿，会去哪儿，沿途每天住宿地的联系方式都标注得清清楚楚，还提醒她哪些地方信号可能会不太好。

他在她坐上每一辆车时都要她把车牌号码发给他以防万一，在她行李里放进一个小药箱，里面有晕车药、退热贴、体温计、治腹泻的药、独立包装的小酒精棉，还有 Hello Kitty 的创可贴。

他每一次都念叨，和旅途上认识的人进行的所有活动都要保证是在公共场所，不要和人去私密场合，聊得多投机都不能去。不要吃别人给的东西，如果饮料和食物离开视线哪怕一秒，就不要再吃了。对于主动搭讪的人，多帅多有气质多礼貌，都要保持警惕之心。

每次她出发时，送她去机场火车站的都是他。而在她每次从外面转累了回家时去接她的，还是他。

每当想起宋哲，可乐就会觉得安心。他像唐僧，但可乐并不觉得厌烦。

虽然没有常常见面，没有漫长的时光和陪伴作为基础，但她就是相信他。她相信，就算最终世界失去所有的光，仍有宋哲是温暖的。那也已经可以仰仗着这温暖，相信人间。

一生中遇见的人无法计数。过客居多，能够铭记的太少。而那些留下印记的，有些教会你什么是失去，有些教会你什么是放弃，有些教会你什么是遗憾，有些教会你什么是伤悲，有些教会你什么是欢喜。而有一个人，教会你，什么是今生所爱，什么是温暖自在。

并没有霸道总裁拯救灰姑娘的桥段，他们之间一切的交流都自然又直接，就像宋哲在那条朋友圈下的评论一样，直截了当，毫无伪装。

谁规定认识的人不能相亲的？好吧，如果认识的人不能相亲，那就和我相爱吧。宋哲又特别像霸道总裁一样地笑了。他说，Love，fighting，fighting，fighting。（奋斗吧，我的爱）

每个女生都可以
是女神

你要相信自己值得被人爱，有价值、会被人所尊重，应该拥有快乐、美丽，不管你追求什么，只要是会让自己幸福，那就绝对有资格去做。

杨晨最开始明白"看脸"这个概念时，还是在高二的时候。

小姨从香港给她带回一条纯白蕾丝的裙了，她穿去学校上晚自习。结果非常宿命地，和班花撞了衫。

最初她倒是没有意识到什么，直到晚自习结束离开教室时，她听见坐在她身后的男生李岩和其他男生议论着说，果然身材和长相还有气质才是决胜点啊。

李岩说着，视线还掠过了杨晨和班花。

杨晨那个瞬间脸上就发起烧来，火辣辣地烧得她的心都疼痛起来。

她那时候有点微胖，戴着厚厚的瓶子底眼镜，牙齿也不好看。但再不明媚的少女，也有一颗向往明媚的少女心。

而更重要的是，她暗恋李岩。

自那之后，杨晨整个高中余下的时间，都只肯穿着校服去学校。即使只穿着校服，她也明确地感觉到自己和班花之间遥远的差距。

她依然暗恋李岩，但她并不打算让他知道。

高中毕业后，杨晨和李岩的大学一南一北，彻底失去了联络。

大学时，杨晨稍微学会了修饰自己，她和寝室的女孩子一起学着化妆，在淘宝上买当季的新衣，还喜欢上一起上马哲课的学长。

她旁敲侧击地询问学长，自己有了喜欢的男生，你作为男生有什么建议。学长非常认真地说，如果你可以再瘦一点，然后妆不要化得那么夸张，另外显得有气质一点，应该是没问题的。

杨晨的脸又发起烧了，而学长又说了一句：不过也不是所有男人都只看脸的。你这么好的人，没问题的。

那之后，杨晨不再化妆，也不再和同学一起买淘宝爆款，她剪短了头发，不再穿裙子，不护肤，随意地过日子，也不再暗恋谁。她的重心和注意力全部放在了成绩上，年年拿奖学金，成为了别人口中"那个奖学金拿得很凶的不是很好看的女孩子"。

大三时，杨晨换了寝室，遇到了陈凌。

陈凌高挑又苗条，有着比高中班花更赏心悦目的脸孔，用现在流行的形容词来说，妥妥的女神范儿。

杨晨偶尔会偷偷看看神采焕发的陈凌，想，如果我有她的身材，或者有她的气质，她的脸，我就不会这样卑微痛苦了。

是陈凌把总是垂着头驼着背戴着黑框眼镜的杨晨推到镜子面前，她说：女生一定要昂首挺胸地面对一切，并没有什么需要自卑的。对自己的容貌、身材、身高不满意，完全可以通过化妆、纤体、造型搭配来改进和调整。

杨晨抗拒，她说，朴实一点不好吗？

这不是虚荣，这是尊重。陈凌说这句话的时候，眼睛里有着杨晨所没有过的满是自信的光彩：你总得先爱自己，再期待别人爱你。而怎么样才是爱自己？最重要的一点就是，你要尊重自己。

你要相信自己值得被人爱，有价值、会被人所尊重，应该拥有快乐、美丽，不管你追求什么，只要是会让自己幸福，那就绝对有资格去做。

为什么你就不可以做一个又精致又拿奖学金的女孩子呢？这个世界从来就没有不努力就能得到的美丽，除非你能为自己而改变，否则你将永远垂头丧气。你知道低下头，会错过多少美好的风景吗？

内外兼修，才是王道。

陈凌陪着杨晨去了学校的健身室，连续三个月，每天 90 分钟。她给杨晨制定了严格的训练方案，循环训练、拉伸训练，她陪着她每天坚持。

运动完回到寝室，陈凌教她去角质，敷水膜，给她推荐从基础的保养到高阶的化妆技巧的视频。她还找了很多搭配的技巧和图片给杨晨看，告诉她怎么样选择基础款的衣服，怎样穿出自己的优点和特色。

三个月过去，杨晨真的觉得，整个人的状态都不一样了。一开始，她觉得很别扭，化了妆出门时，穿高跟鞋时，都浑身不自在。但看到镜子里确实在一天一天变得更精致的自己，她也慢慢地习惯了。她没有变得更美

终于等到你，还好我没有放弃

丽，但是她找回了自信。

毕业后，杨晨没有选择留校任教，她去化妆学校学习了一年，其间接了很多兼职化妆的工作，存了一笔钱，又去日本的造型学校深造了两年。

回来时，她已经是一名拿到足够证书和资本，也有着精湛技术的造型师了。

高中毕业十年时，举办了一场旧日同窗聚会。

杨晨第一眼，就看到了李岩。

他有些微胖，脸泛着一点油光，头发也微微油腻，虽然脸的轮廓没变，但是如果提升一下眉形，会显得眼神比较集中。另外，他穿着三粒扣的西装，但扣子全部扣上了，衬衫袖子却比西装要短。

杨晨不动声色地移开了视线，倒是李岩看到她，主动走了过来。

他说，当年的丑小鸭变成白天鹅了啊。

李岩的老婆叫许涵。她没有化妆，素颜，看得出皮肤有点小状况，但仍然是有着好底子的。她穿黑色的宽松毛衣，配着小脚牛仔裤，身材比例很好，重点是，她还高，目测一六五，那是一五四的杨晨的理想身高。

杨晨坐在李岩附近，看到许涵从包里拿出吸油面纸，递给李岩，小声说，鼻子两侧吸一下。又说，早上你忘了洗头？多少年不见的同学，打理得清爽点比较好。

李岩语气里明显带着无谓，说，就你穷讲究，自己怎么舒服怎么来才是过日子，鼓捣些有的没的多累。你不要被你单位那些没人要但还以为自己万人迷的剩女影响了，上次你买的那套化妆品就太贵了，一定是她们挑唆你的吧？

许涵说，那套是护肤品，不是化妆用的。她还想再说什么，却又终于默默地不再出声。

而杨晨想，自己的男神情节终于可以解开了。

但心里，到底替许涵落了遗憾。

两个月后，杨晨去了王府井百货的彩妆柜。她接到一档工作，要去上海替综艺节目的外景主持人化妆。她仔细地研究了主持人的肤质和肤色，以及节目定位，设计好了妆容的重点，于是特意来选一款合适的眼影。

专柜 BA 正在给一个女生上眼妆，劝说她买下试用的那款眼影，而女生看着镜子里的自己连连摇头，说：我确实不适合化妆。不用了。

你肤色白，适合所有颜色，很好看啊。BA 说。

听到 BA 这么说，杨晨在心里吐槽了句"什么白所以适合所有颜色，肤色也是分冷暖的好吗"，然后不经意地看了看被 BA 涂上了眼影的女生。

杨晨才发现那是许涵。BA 替许涵上的眼影确实不适合她，她虽然白，但肤色是冷色调，比较适合沉稳色系的彩妆，而 BA 给她上的粉紫色调的眼影明显是一场灾难。

杨晨把许涵按在椅子上，伸出手对 BA 说，给我湿巾。

她的语气太过于笃定和权威，BA 被她的气势完全压倒了。

杨晨快速替许涵卸掉眼影，又挑出一款色调适合的，拿出自己随身的眼影刷，替许涵描画。几分钟后，她收起了眼影刷，把镜子拉到许涵面前，说：这样效果才对嘛。

她又说，哪有人不适合化妆的，只是没有找对方法而已。人和人之所以相貌各异，是因为面部的轮廓不同，化妆就是要让轮廓和线条起作用，

终于等到你，还好我没有放弃

通过提亮和收暗，用化妆改善面部线条。女生啊，就应该打扮得当，神采飞扬，再简陋的环境也要让自己风姿绰约，游刃有余。

许涵最终没有买眼影，而杨晨加了许涵的微信。

她给许涵看自己从前微胖又驼背时的照片，然后给她发了一份自己任课的化妆学校的基础课程时间表。她说，我很需要对彩妆没有涉猎的女生的意见，你来听听，给我的课程提点建议吧。

许涵到化妆学校来听杨晨的基础彩妆的课时，并不是一个人单独来的。有个男生陪着她。

许涵介绍说，这是她的双胞胎弟弟许皓。

许皓倒是一个把自己的外观修饰得很得体的男生，他和杨晨握手，手心温暖，手指干净。他说，我顺道经过，就送我姐来了。我姐一向崇尚素面朝天，我还真想看看谁这么有影响力，能拉她来听彩妆的课程。

杨晨不动声色地笑笑，说，你放心，我可不是传销或者直销。我只是觉得，你姐姐有变得更美更好的权利和余地。

许皓也笑了。虽然说是顺道送许涵来的，他也留下来听了杨晨的那节课。

课后，许皓和许涵请杨晨一起吃饭。一个学生正在问杨晨，个子矮的女生要怎么选择裙子。

个子矮的女生选择下装时一定要讲究。杨晨指一指自己，如果我们想显高，可以穿短裙，也可以穿超长的裙子，但就是绝对不可以选择及膝或者七分八分九分长的。

学生满意离去，而许涵说，我以前还真不知道穿衣和化妆有这么多讲究，还有专门的学校，是要大力培养造型师吗？

我们学校大部分学员来上课，都不是为了以后往造型方面发展哦。杨晨说，几乎三分之二的学生都是为了提升自我价值，为了更自信自尊而来的。

女性的自尊自信非常重要，不止是在职场，在婚姻里也同样不能忽视。自尊自信比较低的女生，在遇到对自己的贬低和轻视甚至虐待时，容易选择忍耐，甚至根本不自觉对方的错误，于是会沉沦在幸福度非常低的关系里无法离开，无法改变。

每个女生都是女神，但有时候，你需要付诸努力和坚持才能破茧。生活这场一镜到底的戏里，需要积极的千百次不断的练习，才可能换来别人以为轻松易得的美丽。

许皓看着眼神晶亮充满自信的杨晨，对许涵说：姐，我觉得你应该来上上课。

许涵来上课的半年，许皓每次都当专业司机和助理，陪着她听课，管杨晨"杨老师杨老师"地叫个不停。

许皓说，杨老师，我表妹下周结婚，我觉得她的婚纱照的妆有点不适合她。她结婚那天跟妆的人就是照婚纱照的化妆师，我想换掉请一个更好的。你有空吗？

他又说，你其实是不接这样的活的吧？如果得罪了，不好意思。

怎么会。杨晨把散落的长发用发圈随意地扎起来，你挺重视家族亲情啊，陪姐姐见陌生人，替妹妹找婚礼跟妆师。

因为结婚是女孩子一生中两个最美的时间之一，我希望她没有遗憾。

我只听人说结婚是女孩子最美的时候，还有一个是什么时候？杨晨问许皓。

生下孩子的时候，疲倦却欣喜的素颜。许皓说着，又急急地解释，杨老师，我可不是男权主义啊，我没有觉得女人非要生孩子，只是我觉得那个瞬间，非常有人性的美感，无可超越。

所以你还是觉得，女性素颜更美啦？杨晨笑。

也不是，化妆或者不化妆，穿什么类型的衣服，宗旨都一样，先悦己再悦人。如果颠倒过来，这样的女孩子再漂亮，也不够美丽。许皓顿了顿，看着杨晨：而我们又自信又漂亮又美丽的杨老师，有需要你取悦的人吗？

杨晨摇头，笑容闪耀：我会认真而诚恳地把自己变成自己喜欢的样子，然后我一定可以遇到那个不必取悦的人。

那么，既漂亮，又美丽，还自信的你，可以在替我表妹打造她最美好的一天的最完美形象之后，见一见我的家人吗？

顺序错了吧？杨晨挑挑眉，你不是应该先追求我吗？

许皓微微地，红了脸。他说，杨老师，我现在不是正在追求你嘛。

终于等到你

201

不要轻易相信别人给的完美生活

我输掉了爱情，输掉了婚姻，但我没有输掉我的整个人生。

据说现在的离婚率已经高到足以让人觉得不离婚一次都不算生活过。但依依遇到的境况足以归入到不堪的境界，让人再一次见识到爱情和婚姻在人性的翻云覆雨下，能够丑陋到什么程度。

依依和她准前夫李成梁是青梅竹马，两家父母早识，彼此知根知底。李成梁家从商，家境殷实优渥，依依家虽然不算富贵，但她爸爸在实权部门占据着实权职位，虽然没有替依依夫家谋过什么门路，毕竟关系摆在那里，李成梁家办起事来，人家多少会给点面子。

李成梁十八岁时和十六岁的依依牵手，至今已十四年。李成梁是典型的"你看看人家的老公"的典范，对依依嘘寒问暖，管接管送，结婚七年，每天出门吻别，回家拥抱，出差在外一小时一条信息两小时一个电话，睡着了也必然牵着依依的手。

结婚后，李成梁坚持让依依辞了工作，在家里做全职太太。要说全职吧，依依从不做家务，李成梁雇着两个家政工，甚至还给依依雇了一个司机一个生活助理，陪着她出门玩耍，逛街吃饭。依依从来没有自己的信用卡，都是直接刷李成梁的，买多贵的东西，李成梁也从不在意。

李成梁还说，全职太太也不能和社会脱节啊。他但凡有聚会都尽量带上依依，每年都空出半个月和依依出国旅游。

李成梁如此完美还不够，依依的公婆对她也是如同对自己亲生的女儿，从没有让依依有任何一点可以抱怨挑剔的地方。寻常人家屡见不鲜的婆媳矛盾，依依根本没有经历的机会。甚至她和李成梁结婚七年没有孩子，去医院检查后发现问题在依依，公婆还特意安慰她说，只是需要调养，又不是完全不能生育，没关系的。就算真的没有办法生孩子，那也是我们老李家没有这个命，我们不在意。

依依三十岁时，李成梁替她安排了盛大的生日宴会，大手笔地把我们这些朋友都拉到普吉岛去陪依依吃喝玩乐，那个时候我们谁都以为王子公主的童话偶尔也是会在现实中存在的，再感叹，找男人，果然还是要趁早啊，彼此陪伴度过漫长年月，感情日渐生长，盘根错节，再无动摇。

可是人生好像永远有"可是"。

可是三个月后，依依居然要离婚了。

依依生日刚过完，她父亲便因为脑溢血去世了。丧事办完，依依在娘家陪妈妈住了半个月，等再回到自己家里，发现李成梁和他父母都在。

还以为公公婆婆是特意来安慰自己的，依依心里小小地暖了一下，结果李成梁第一句话就让她以为自己在梦游。

李成梁说，明天我们去离婚。

说完，他就起身离开了家，留下莫名其妙的依依和他爸妈。

婆婆说，依依，我们也没办法，你这么多年了也没给我们老李家添个孙子，现在成梁外面有人，已经有孩子了，我们为了老李家的血脉，不得不请你让位。

公公把一份离婚协议放在桌上，摆出家长的威严说，你签了这份协议，你们结婚七年，我们补偿你五万块钱，如果不签，那就走法律程序，我提醒你，成梁名下一点资产都是没有的，你们的房子车子都是我和他妈的名字。如果走法律程序，你连五块钱都拿不到。

信息量太大，依依毫无准备，一下子蒙了，李成梁的爸妈什么时候离开的，她根本不知道。

等她稍微回过神来，偌大的家里，只剩下她和那张协议。

她说，要到那个时候，她才明白，这么多年的完美婚姻，满分丈夫，亲如父母的公婆，都不过是一场戏——公婆的好，只不过是因为她父亲有利用价值，值得他们粉饰太平，营造假象。

而李成梁，根本早已暗度陈仓，日日在身边笑语温存的人，原来一直戴着面具。

而父亲的去世，和她的不曾生育，使她轻易地就成为了弃子。

她去银行查了，李成梁确实一分钱的资产都没有，在结婚的时候，他就把他所有的钱转给了他爸爸，这些年他们的吃穿用住，所有的钱进钱出，都是以他爸爸的账户进行，除了信用卡，他名下一无所有。

也就是说，他们没有共同财产，即使证明了李成梁是婚姻的过错方，她也争取不到什么。

这么多年，布下这么深的局让依依深陷其中，最悲哀的是，单纯的依依从来没想过，人人称羡的生活背后，是这么深的黑色，藏着这么多锋利的刀刃。

她的家，她赖以生存的生活来源，她的骄傲，她的幸福，她对世间一切的信心，忽然就没了。

依依的妈妈同时受到丈夫去世女儿离婚的打击，大病了一场，在医院住了大半年。

依依每天往返娘家医院，还要面对李成梁的父母三天两头来逼着她签字离婚——李成梁根本不出面，他在依依的生活里彻底消失了，把烂摊子留给父母收拾。

或者，应该倒过来说，正是这样的父母，才有李成梁这样的儿子。

依依也不知道自己是幸运还是不幸运，和这样的人家这样的丈夫过一辈子，实在是恐怖的事情。但如果这个童话一直都没有反转，童话里的人都没有黑化，是不是这样过一辈子也就过了呢？

很多事情，大概不是不知道比知道幸福，而是不知道比知道舒服。

她没有去深想这些事情，摆在她面前的，具体而实际：离婚还是不离婚，怎么在没有工作没有存款的情况下，生活下去。

她特意去看了亦舒的《我的前半生》，本来是想去找应对离婚指南的，结果看完了发现，小说还是小说，同样是失婚，同样是老公翻脸无情，但女主角能去做艺术家，她还有房子，有钱，有一对儿女，依依呢？有什么？

是的，小说总归是小说，现实人生残酷得多，没有那么多天外飞仙拯救你的痛苦。依依开始认真思考自己人生的走向。

她平时并不是挥霍无度，但她会的东西也有限，能够维持生存的技能就更少了。她做得一手好手工蛋糕，但现如今，烘焙手工坊到处都是，根本不适合作为职业。而她专门学过的插花又实在太冷门，她的技术和人脉又不足以让她去插花班当老师。其他的工作，一个三十岁却从无工作经验的女子，实在需要很大的运气，才能被聘用。

依依没有这样的运气。不久之后，她妈妈也去世了，留给她一套房子和并不富余的存款。她好像彻底地从云端摔了下来，结结实实，无法动弹。

办完了妈妈的后事，依依也病了一场，她发高烧好多天，终于还是打了电话向我们求助。

我们把她送进了医院，住了半个月的院后，依依出院了。

她好像变了一个人。

她主动找到了公公婆婆，要李成梁和他去办离婚手续，她什么都不要。

要到这个时候，在民政局的离婚办理处，她才再次见到了曾经视为一生依靠此生挚爱的李成梁。他的样子一点也没变，品味格调相貌身材都维持得一流，无名指的婚戒已经换了一种款式。而她，尘满面心如枯槁，即使与他并肩，也不再像金童玉女。

他们彼此没有交换一句话，匆匆签了字，就此分道扬镳，再无交集。

然后，依依去送快递了。

生活于她，此刻活下去已经是最为重要的事情。人生已经如此残酷，她已落至谷底，山上还在连续不断地滚下巨石。稍有松懈，便会永无翻身。

依依说，我住院时，和我同病房的那个姑娘，比我小五岁。她嫁了一个并无恒产也无恒心的丈夫，被婆婆嫌弃生的是女儿，为了生儿子再次怀孕后，婆家得知又是女儿之后，她老公和婆婆一起逼着她引产，如果不答应就离婚，而且不让她看女儿。

她哭着跟依依说，如果我不陪着我女儿，她一定会被他们虐待的。

那个时候依依才明白，并不是只有自己看不到未来。

多么风光的曾经都不代表现在。而唯有现在的踏实前进才有自己能掌控的未来。如果不咬着牙站起来，那么会到来的，一定只是更加无尽的黑色，最终落入的深渊。

命运交给每个人必须面对的烦恼，必须解决的问题。有人幸福得一生顺风顺水，但既然那不是你，你就要面对一切，奋力向前，即使头破血流，也要拼尽全力。即使一路血泪斑斑，朔风如刀，也要不屈地坚定前行。

除了自己，我还有什么害怕失去的呢？依依说。和李成梁死磕到底，即使得到什么，也不过是惨败，我已经浪费了前半生，后半生不想再被他们这些渣滓耽误。我必须用放弃去获得更多。人生的确是荒凉寂寞的，但是我们仍然要继续活下去。

她脱下高跟鞋和昂贵的套装，穿着厚重的工作制服，开着小三轮车，一个快递一个快递地收和送。

但和其他快递员不同的是，她从不因为怕货被盗或者要送的件多而让客户下楼取件。她会在楼下打电话和客户确认是否可以送上楼，然后尽量送到客户家门口。而承诺三点会送到的件，她也不会因为任何原因四点送。

工作和爱情不同，工作上你付出了十分努力，无论如何，都还是会得到回报的，即使那回报只有最起码的一分。

依依开始成为她负责的片区的客户首选的收件员，即使她服务的公司的快递价格比其他家每一单贵了几块钱。

半年多后，她抵押了妈妈的房子，卖掉了李成梁在那场婚姻里唯一留给她的婚戒，加盟了一家新的需要开拓市场的快递公司，成为了代办点的经营人。

再后来，依依赎回了妈妈的房子，还开了一家经常被美食栏目和网友推荐的，每天晚餐时间都有顾客排队等位的餐厅。

再然后，依依要结婚了。

依依的再婚对象是她送快递时认识的，自己经营着一家并不太大的互联网公司，带着书生意气地创着业。他那时候并不知道依依的故事，但在偶然遇见依依来送快递之后，他就交代前台说，以后公司的快递都交给依依来送。

雪中送炭从来都是一种展现人格的行为，因为从投资概率来说，它的回报率实在太低，而从人性来说，它从不求回报。

毕竟自己的父亲曾经经历官场，而前夫家又从商，依依对于经营上的事情虽然并不特别了解，但对于这个环境也不算毫无经验，比起男朋友，这方面依依更为成熟和睿智。依依后来给了他很多经营上的意见和建议，两个人一起把公司也做大了。

她送喜帖给我的时候，我一边开心，一边犹疑。我问她，你还相信爱情？

依依轻轻点头，带着像一朵柔美的茉莉花般柔软的笑容。

我也以为我不再相信爱情，就像我曾经连人生都不相信了。依依说，我也曾经气苦地想要自暴自弃，我也曾经疲倦地想要就此结束。但就是因

终于等到你，还好我没有放弃

为实在太过于不甘心，太过于被恶心，因此不想彻底地输掉自己。

向前走，有时候就是靠着那一口气。

而越向前走，你越发现，人生其实还可以美好，自己原来还有无限可能，爱情虽然有丑陋的一面，但那只和遇见的人有关而和爱情本身无关。它们也许都不容易被发现，但真正饥寒交迫过的人才会明白，一碗白粥里的真味。

她又说，女孩子的一生，不怕结不成婚，只怕嫁错了人。嫁人嫁人，总得嫁的是个人，不然，不如不嫁。而不管嫁不嫁，我们都应该独立、勇敢、骄傲。这个世界有我们想象中以为的所有美好，但是需要你自己努力去为之奋斗。我输掉了爱情，输掉了婚姻，但我没有输掉我的整个人生。任何事情都靠自己，自然是比不劳而获累多了，但得到的东西即使完全一样，也更为可贵。我现在已经不怕面对任何困境任何挫折，我幸福的基础不再虚无，它在于我自己的心。

不要轻易相信别人给予和承诺的完美生活，别人给你的，别人也可以拿走。

而自己闯出天地时，所拥有内心平静的力量，才是最大的，最踏实的幸福。

未来不会辜负你当下的努力，岁月在结尾，终会给出得偿所愿的回报。

每一个沐浴在爱河中的人都是诗人。
At the touch of love everyone becomes a poet.

有了你，我迷失了自我。失去你，我多么希望自己再度迷失。
Within you I lose myself,
without you I find myself wanting to be lost again.

我需要你，正如我需要呼吸空气。
I need you just like I need the air to breathe.

无论你去了哪儿，无论你在干什么，我都会在这里等着你。
Wherever you go, whatever you do,
I will be right here waiting for you.

没有放弃 × 还好我 *Love you forever*

什么青梅竹马，什么心有灵犀，
什么一见钟情，
都不过是些锦上添花的借口，
时间才是冥冥中一切的主宰。

我们会遇见这样一个人

人生那么长，未来那么远。总会有一个人等待着等待着，为了能够遇见你。他的爱会落在你的无名指，绽放成为永恒。

保安大叔没打招呼，就直接把一顶安全帽盖在了李喜喜的头上。

喜喜咦了一声，拿下来看了看，又戴回了头上。

陪喜喜看房的置业顾问程乐是个高高瘦瘦的男生，他抱歉地笑笑，为了保安大叔粗鲁的动作。又说，很多女孩子都不爱戴安全帽。

安全第一哇。喜喜笑着，眉眼弯弯，她说，我可是就要当新娘的人，万一被高空坠物弄伤了多得不偿失。

她又说，戴上这安全帽圆圆的好像一只蘑菇啊，麻烦你替我拍张照吧，我要给我男朋友看。

于是喜喜蹲在还在建设中的小花园的一角，戴着安全帽笑得见眉不见眼的，让程乐替她拍下了照片。

喜喜欢天喜地地把照片发给了肖东。

隔着时差，肖东还在沉睡，没有回复。

但在喜喜心里，幸福的小蘑菇，漫山遍野地生长着，覆盖了天地。

喜喜看的房是准现房。准现房就表示，主体工程已经完成了，正在进行的是内外墙装修和配套施工，小区内的设施大致的轮廓已经成型，楼间距、房型、层高一目了然。

程乐说，李小姐，我们这个还算是期房，不算现房。

置业顾问这么诚实，喜喜表示很满意。

程乐带着她上上下下看遍了小区里的各种户型，喜喜最终选中了一套一百平的有着宽大落地玻璃的大房间。

二十八楼，朝南，温暖而不暴烈的阳光直落而下，静静地落在喜喜满是幸福的笑脸上。

她嚷嚷着，跟程乐说就这套了，我马上下订单。

肖东是这样安排的：喜喜先看房，下订单，等他回国就去登记，然后买房，装修，开始两个人终于不再异国恋的幸福人生。

他下个月就要回国了，我等了他五年，终于不再两地分居了。喜喜仰起头，感觉阳光在眼睑上渲染出的一片金黄，她对程乐说，我总算，到达彼岸了。

程乐也笑着点点头，他给喜喜看手里拿着的房型资料，告诉她哪里是承重墙，哪些是装修中不可改动的设计，然后他说，李小姐，定金是不能退的。

我知道。喜喜点头，指一指阳光最好的位置：程先生，你说这里做书房是不是很合适？我那个蠢萌的学霸男朋友可喜欢读书了，这里给他放一个摇椅，他一定很高兴。

另外还要养只猫，我就抱着猫，坐在他旁边，和他一起看书，度过安静的周末时光。

程乐点点头，说，光是想象，都觉得岁月静好。

喜喜笑了。她想，肖东要是像这位置业顾问多好，有求必应，愿望永不落空。

天南海北的隔着，平均起来两年里只有十几天的相处，再加上时差，喜喜确实已经不记得肖东让她失望过多少次了。

但是他也不是存心的呀。喜喜对程乐说，生日、纪念日、圣诞节、情人节的时候，搬家、失业、寂寞、夜归、生病的时候，他也并不是不想陪我，只是条件所限没办法。身不能至，心向往之。

程乐点点头，说我能体会。然后他递给喜喜定金收讫的单据。

他把喜喜送到的士旁，拉开车门，护着她上了车。

他对喜喜说，李小姐，祝你做个幸福的新娘。

肖东没有出现在喜喜殷勤等待的接机口。他没有上那班飞机。喜喜在接机口等待了两小时后，收到了肖东发来的微信。

肖东说，谢谢你这些年的等待，但是我觉得我们不合适，分手吧。

然后，他把喜喜拉黑了。

喜喜完全蒙了。她翻看着和肖东的聊天记录，找不到一丝一毫对现在境况的暗示。她完全不相信这个自己十八岁就认识，爱了五年多的人会这样干净利落地把对自己的感情移除。

她的心像是被反复折叠，揉皱成不清不爽的一团废纸，再被投进脏兮兮的垃圾桶。

后来，喜喜才辗转得知，肖东已经劈腿很久了。他的新欢和他同在美国，朝夕相处，日久生情。

有好事者给喜喜发了肖东和新欢的合影，那两个人在黄石公园牵着手，笑得一脸地老天荒。

喜喜看着肖东的眼睛，看得眼睛泛红。

她也曾经住在那瞳孔里，她曾经相信自己会永远住下去。

她想，她得去把肖东找回来。她不甘心输给距离和时间。

公司不准长假，喜喜辞了工作，义无反顾地去了美国。

从洛杉矶到北京的飞机上下来，喜喜就蹲在行李提取转盘旁。一圈一圈转过的行李箱，红的黄的绿的，她想，一整个花花世界啊，但为什么我的行李就是不来呢。

然后口袋里刚刚开机的电话响了起来。喜喜那个时候才想起来，所有的东西都在背上的双肩包里，自己根本没有行李。

电话是程乐打来的，他说，李小姐，您的首付什么时候转过来？然后你要办贷款手续还需要这种那种各种资料……

喜喜打断他，她说，程先生，不好意思，房子我不买了。

程乐愣了一下：是首付方面有问题吗？还是看到更适合的楼盘了？或者是您和您先生……呃……有什么不妥？

终于等到你，还好我没有放弃

肖东根本没见喜喜。他托中间人接待的喜喜，还告诉喜喜，时间和距离都是磨灭感情的利器，肖东的心已经转向了，昨日种种昨日死，他确实欠她一句抱歉，但是不打算还了。

嗯，非常不妥，大大的不妥。喜喜说，我失恋了，也失婚了，还失业了。程先生，再见了。

再见了。这句话，踏上回北京的飞机时喜喜也说过。

她站在登机扶梯上面对着蓝天大声喊着，肖东，再见了。爱情，再见了。

当然有人侧目，但是管他的，李喜喜已经没有什么好失去的了。

两天后，喜喜收到一个短信。

是银行的转账通知，她的账户到了一笔和买房定金等额的款。但汇款方并不是她拿到的定金收据上的房产公司，而是程乐。

程乐曾经有个女朋友。那是他学妹，娇娇俏俏的女孩子，笑起来脸颊上有小小的酒窝，穿着深蓝色的百褶裙和白衬衫，走进了十七岁少年的心里。

那时的阳光，明亮到了程乐的心底里。

大学他们一南一北，开启了异地恋的漫长过程。女孩说打工辛苦，程乐便把自己的生活费都寄去为了让她少端两小时的盘子。女孩想去旅游，程乐就托老同学带女孩走遍了周边。女孩说不放心家里，程乐每月坐十四小时的火车，去女孩家看望她父母，女孩的任何事情程乐都一力承担，像是那本就是他的责任。

而三年后，女孩说，我生日、纪念日、圣诞节、情人节的时候你在哪？

搬家、寂寞、夜归、生病的时候你在哪？我们的距离太远了，我很寂寞。我和别人在一起了，分手吧。

简单几句话，就将那些岁月里单纯的爱变成了一场残忍的凌迟。程乐试着挽回过，但是没有结果。

程乐本打算考研到女孩毕业执意留下的城市去，但因为分手，他还是放弃了考试，也放弃了旧日同学朋友的正常交流，把自己关在租来的小房间里，整天上网玩游戏，靠着家里给的生活费日复一日地把时光磨过去，不想去看明天在哪里。

自暴自弃了一年后，某个早晨，程乐看着镜子里映出来的满脸写着一个"衰"字的自己，忽然笑了。

他觉得自己应该振作起来了。

他想，人生总是有起伏的，但所有起伏，都应该可以让人学会如何站得更高。

感情总是会有绝路，但那些绝路恰恰是为了让人迷途知返。光熄灭了总会落入黑暗，但曾经亮起的光芒，就是不再困于黑暗的理由。

于是他找了份售楼的工作保证自己的正常生活，同时选定了符合自己未来发展的学校，开始第二次的备考。

喜喜去看房时，程乐像是看到了当年活在爱情里的自己——他们眼睛里都有对爱情执着的光芒，那光让一切孤单、寂寞、苦楚都变得如轻尘一般，不值一提。

他想，自己的女朋友要是如喜喜一般对爱情有着信仰，也许幸福就不会那么遥远。

所以他衷心地对喜喜说，祝你做个幸福的新娘。

但他的祝福没有实现。喜喜失恋失婚失业，还失去了原本营造幸福家庭的定金。

程乐结算了自己半年工作的佣金，找财务部要到了喜喜的账号，把定金退给了喜喜。

喜喜说，你为什么帮我？

程乐答，有钱，任性。

得了吧你。喜喜拒绝，我得把钱还你。

程乐没有回答。他问喜喜，接下来，你打算怎么办？

喜喜说，我要认真地找一份能够长期发展的，让我潜下心来认真面对的工作，我还打算去考职业资格证。另外，一直想学的古琴，也要开始学了。还有啊，我曾经计划每半年去一个地方旅行，现在也可以提上日程了。

爱情呢？

只要我足够好，有没有爱情也没关系。但是我相信，只要我足够好，我一定可以遇见那个很爱我，我也很爱的人。

在这个世界上，一定有一颗心等着和我遇见，然后，再也不会离开我。

程乐看见了，那让一切孤单、寂寞、苦楚都变得如轻尘一般不值一提的光，又在喜喜的眼睛里闪烁起来。

他说，李喜喜，我们彼此督促，一起努力吧。

程乐拿到研究生录取通知书的那天，喜喜已经存了不少钱。她打算给自己选一套小平方的单身公寓，约程乐陪她去看房。

接过保安大叔递过来的安全帽，戴在头上，喜喜对程乐说，戴上这安全帽好像一只蘑菇啊，你替我拍张照吧，我给我男朋友看。

　　于是喜喜蹲在新楼盘还未营建完成的小花园边，让程乐替她拍下了眉眼弯弯的照片。

　　喜喜把照片发到了程乐的微信上。她说，程乐，你做我男朋友吧。

　　说这句话时，喜喜仰着头，直看到程乐的瞳孔里去。

　　她的笑容，带着七彩的光。

　　程乐笑了。

　　他没有说话，轻轻地，牵住了喜喜的手。

　　每个人的生命里，都可能有这样一个人。

　　他的出现，像是神赐予的世上最温暖的光。

　　但当那光芒忽然暗去，你才发现，你遇见他，只是为了和他告别。

　　而这场告别，或许会碎裂你的心，淹没你的眼，让你的血液结成冰，从此看不见世上的美好。

　　但人生那么长，未来那么远。

　　总会有一个人等待着等待着，为了能够遇见你。

　　他的爱会落在你的无名指，绽放成为永恒。

　　只要你愿意，继续向前。

终于等到你，还好我没有放弃

于何处相逢并不重要

如果两个人对待这份感情都同样认真，如果两个人想要彼此相伴的心情一样强烈，那么，在一起，是最好的选择。

玫瑰失恋了。

这年头，别说失恋，就是失婚也不过是寻常事。但玫瑰的难过，还是没有因为这样的理论而减缓一点。以前两个人在一起，自然就能度过的时间，失恋后，一分一秒都是漫长炼狱式的折磨。

为了减缓这种痛苦，SPA、瑜伽、健身、烘焙、读书会……玫瑰试遍了所有能够找寻到的杀时间的方法，但是都是初时新鲜，过得两三次又失效了。

有一天，玫瑰说，我终于找到了一个最有效的方法——微信摇一摇，能陪你聊天，打发你寂寞的人，要多少有多少，要哪款有哪款。

你不会学人家约……什么吧？我大惊。现在老提"约"的太多了，但真感情又太少了。置身于"摇一摇"的环境下，目标都是玩玩而已。

玫瑰这姑娘，虽然已经二十五了，但心性还是如小姑娘一般单纯爽朗。前男友爱她时说她如少女一般天真可爱，不爱她了就指责她幼稚莽撞、毫不成熟。

男人嘛，爱你的时候，你呵口气都比别人可爱，不爱了，你的存在本身就是个错误。

而天真明媚的玫瑰，要对战那些躲在 ID 之后性别不详性格不详婚否不详目的不详的人类，我很害怕她会吃亏。

玫瑰听了我的话后，仰头大笑，她说：我还有什么好失去的呢？再说了，本来就没有抱着寻找真爱的心情去摇一摇，不过是寂寞时找个对象聊天，我把对方当作虚拟机器人而已，有什么不好？

夜路走多了难免撞上鬼，微信对象聊久了也难免滋生出一些似是而非的暧昧感情，虽然玫瑰言之凿凿根本不期待摇出来的真爱，但人心啊，总是会对自己有着过剩的估值。

让玫瑰的少女心重新燃起火焰的，姑且叫他吉他君吧。他和玫瑰聊得比较多的话题是地下乐团。虽然玫瑰不太懂音乐，但她的前男友在地下乐团当主唱，为了这个情愫，玫瑰对吉他君很是热情，相谈甚欢。聊久了，就仿佛真的是熟人一般，相约着一起去看了几场乐团演出，逐渐地，也就真的熟络起来。

玫瑰病了，吉他君也不仅会说"多喝点热水"，而且从还单位请了假

终于等到你，还好我没有放弃

陪她去医院问诊看病；玫瑰晚上在朋友圈发一句想吃美食，吉他君必然会驱车前来载玫瑰前往她想大快朵颐的地方。

怎么看，这都是个准合格男友，一来二去的，似乎恋爱的展开也不过是时间问题。

但又一次去看乐团演出时，玫瑰在众目睽睽之下，被一姑娘兜头盖脸地扇了一巴掌。

吉他君，他是有正牌女友的。

玫瑰愤而离场，拉黑了吉他君，心里感受到又一次失恋的无奈、愤恨和抑郁。

谁让我遇上一枚暖男呢。她说。

我呸！只对一个人暖，才配叫暖男，对所有可能的暧昧对象暖，那是实打实的渣男。

暖男，如同大叔，本来都是很不错的存在。但太多人误解、刻意混淆其中的定义，搞得好好的一件事硬是变得让人厌恶。

玫瑰说，管他暖男还是叔，反正我是再也不相信爱情了。不瞒你们说，这几个月，摇出来的猥琐男居多，正常人没几个，虽然是排遣寂寞的良方，但是我已经决定只玩游戏，不动感情了。不约，叔叔我们不约。

那之后，玫瑰微信上的好友 list 越来越长，平时手机叮当叮当的来信提示简直要烦死社交软件使用率拉低全国平均水准的我。但玫瑰已然达到了摒除了过剩期待的境界，只走流量不走心。

只是，玫瑰和光良君，仍然是通过微信认识的。

那天玫瑰去图书馆找我推荐给她的几本恋爱圣经鸡汤书，但她对于图书馆的检索系统相当陌生，求助现场工作人员却总是只得到"等一等"、"现在很忙"的回复，盲目地晃荡了半小时之后依然一无所获，于是她打开了微信，搜索附近的人。

有一个人顶着个小王子的头像，超像她曾经暗恋过的伟光正的已经身在哈佛的学长。没有犹豫一秒，玫瑰发起了好友申请。

小王子就是光良君，他没有通过玫瑰的验证。

玫瑰又一次发起好友申请，说明了缘由，光良君这才通过验证，还现身替玫瑰找到了那几本书。

但是对于玫瑰提出的去喝杯咖啡以表达感激的提议，光良君拒绝了。不约，光良君不约。

玫瑰去图书馆听关于《史记》的公众讲座时，再次遇到光良君。光良君没有认出玫瑰，他坐在玫瑰前面一排，和两个男生一个女生一起。

看来这是一场相亲。两个男生一直在向女生推销着光良君。一个说"我师兄性格特别好，也从来没有红颜知己，对女朋友会特别专一的"，一个说"我师兄专业成绩可好了，而且从来对我们这些菜鸟后辈都是毫无保留地倾囊相授，是现在难得的暖男"。

听到暖男两个字，玫瑰就忍不住笑了。

光良君倒是有点手足无措，对这场相亲的抗拒表现得很明显。玫瑰拿出手机，打开微信，点开小王子的头像，发过去一条信息：需要帮忙吗？

光良君没有给玫瑰横空出世冒认女友拯救他于尴尬的机会，但是他请玫瑰喝了杯图书馆的咖啡厅难喝到极致的咖啡。

玫瑰说，这咖啡是什么鬼？你是失去了味觉吗？

终于等到你，还好我没有放弃

那之后，玫瑰和光良君才算是熟悉起来。但是光良君并不是一个寂寞重症患者，他很忙。他给玫瑰发的微信不是图书馆的新讲座的内容和时间，就是向玫瑰推荐值得一读的新书。

我问玫瑰是不是对光良君有想法。玫瑰说，哪能啊。我对微信摇来的男生才不会动心呢。再说了，我很忙啊。

玫瑰确实很忙。她抗不过家里的强大压力，开始了一板一眼的相亲。

在经过了 N 次相看两不对眼之后，玫瑰倒是和其中一位有了进一步的接触——虽然他有点中二气质，但玫瑰的爸妈对他倒是非常满意。玫瑰说，她觉得这可能和中二君的政府机构小职员的职业有一定的关系。

而中二君的中二气质表现在哪里呢？中二君对妻室的要求是，能共同赚钱营造优渥生活，又足够美貌到在外面给足他面子，还能温柔体贴不提要求不添乱。总体来说，玫瑰是不完全符合他的要求的，但是玫瑰家的家底丰厚，玫瑰的样貌也能够着女神的边，所以中二君力图改造玫瑰，成为他理想中的娇妻。

玫瑰是这样自由奔放、性格开朗、热爱热闹的女生，改造她简直不要太难。所以在婚姻这件事上，自然而然地就谈不到一块儿去。

但玫瑰的父母对于玫瑰提出的不想再相处的抗议，总说"再坚持一下，多相处就会好了"。

所以你就坚持了四个月？我问玫瑰。

不然呢？玫瑰伸出手拿了一块蔓越莓小饼干，我妈总号称因为我的终身大事她要犯心脏病，我总不能真的气得她犯病吧？何况，我现在也没有合适的对象，先处着呗，看谁先败下阵来——中二君要早日成亲的心思是很迫切的，这一局，他先败走的可能性很大。

于是和中二君见面约会时，玫瑰玩微信的频率更高了。终于有一次，中二君用手盖住了她的手机屏幕。他问玫瑰：你就不会为了浪费我的时间而羞愧吗？

终于，玫瑰和中二君分道扬镳了。

玫瑰兴高采烈地在朋友圈晒了一张比出 V 字手势的照片，还写了一句话，"自由最高"。

十分钟内，她这条朋友圈广播得到了数十个评论——那些各异的 ID 像是商量好了一样，用"约吗？"排出了长长的整齐的队列。

玫瑰打开评论页面给我看，笑得花枝乱颤。

我沉吟了一下，还是说：玫瑰，微信摇一摇，见面约会聊天这种事情，还是不要再继续了吧。

要疗伤也应该已经疗完了。再寂寞，也不能依靠这么虚渺且毫无诚意的方式去改变。那一个个"约吗"，在我看来，就像一张张猥琐的脸，在屏幕的那一边展露的是轻浮的笑容。

和中二君散伙后，玫瑰日渐忙碌起来。我发微信给她时，她很少再像以前一样，开启一秒回复模式。

这也可以理解，玫瑰打算考研。

最支持玫瑰考研的不是她父母，而是光良君。玫瑰偶然和他提起打算重回校园考研，那之后光良君就常常发送给玫瑰相关的各种资料和内容，还替她借了他们学校研究生楼的出入卡，让她能方便地在自习室温习。

但玫瑰和光良君对于考研这件事也有着分歧。

像玫瑰这样自由奔放、性格开朗、热爱热闹的女生，想要考研的初衷，绝大部分是出于对校园生活的憧憬和回味。而光良君对待学问，有种天然的学究气，总散发出一种被玫瑰称为"类宅男"的不懂变通的气息。于是两个人在考研这件事情上，就成了为两种观念的碰撞。

玫瑰觉得，不管出于什么理由，我有心想学，总是值得被大力赞扬给予鼓掌支持的事情。而光良君觉得，考研是件严肃的事情，它的初衷可以是你想要提升自我学识，或是在职场中提升自我价值，但总不该像玫瑰这样抱着小孩子一般的玩笑心态。

于是一个是自我感觉良好的浪漫主义，一个是坚持理念不放的现实主义，平时围绕考研这个话题，连两个人的相处也开始火花四溅起来。

直到有一天，当玫瑰在自习室里捧着一叠参考书却又发起了呆时，光良君问玫瑰：你能为了我，努力一下吗？

对于光良君突如其来的告白，玫瑰并没有即时回应。

她问我：你说微信摇来的男生，到底靠谱吗？

我问她：他在那一堆排队问你"约吗"的人里面吗？

NO。玫瑰摇头。

那就行了呗。我觉得，爱情这件事情，于何处相逢并不重要，重要的是，你遇到的那个人，是值得你遇见的人。

如果两个人对待这份感情都同样认真，如果两个人想要彼此相伴的心情一样强烈，那么，在一起，是最好的选择。网络有没有让人心变得遥远尚无定论，但不爱，总比相爱遥远。

玫瑰微微闭上眼，仰起头思考了一秒钟，然后拿出手机，打开微信，点击小王子，按住语音输入的键，说，光良君，我愿意。

光良君秒回了一张图片，是他们相遇时图书馆咖啡厅的落地长窗外澄蓝的天空，云朵悠游，像是带着树木草本香气的风。

终于等到你，还好我没有放弃

明天你还来不来

为什么要去努力挽回一个伤害你的人呢？男人变了心，最好的应对方式就是二话不说请他走。他不肯走，你还要踢他走，怎么能跪下去低入尘埃地抱着他的大腿哀求他的慈悲怜悯垂怜呢？

白色的淡奶油小心翼翼地融入黑咖啡，明媚说，这次姿势很好，手腕再柔一点，手肘不要动，向上拉……哎哟，又成了颗气球了。

我也哎哟一声，放下手里装着淡奶油的瓶子，气急败坏：咖啡拉花也太难了，弄出颗心的图案比在现实里捕获一颗男人的心还难。

明媚白我一眼：捕获真心哪有这么容易，弄碎一颗真心才容易，一不当心就成了你弄出来的这颗不怎么规整的气球。

喂喂喂。我抗议：我是来学咖啡拉花的，不是送上门来任由你侮辱我的艺术天分的。

没有的东西，怎么侮辱呢？明媚叹口气，就像感情，没有了，再做什么又有什么意义呢？

我不吱声了。

明媚失恋了。失恋的人，总是拥有一些特权的。比如愤世嫉俗，比如尖酸刻薄，比如对世界不再有热情和期待。

我没有想过明媚会失恋。她是可以用美好这个词来形容的女子。她开着一间花店，顺便自己做咖啡供来买花的妹子们喝，结果花店做得欣欣向荣，咖啡也成了排队轮候的都市美食传奇，结果她竟无视哗啦啦上涨的营业额，定下了每天只做一百杯咖啡的规矩。

其余时间，她无偿教熟客们做咖啡拉花，养多肉植物，陪男朋友享受生活。

对明媚来说，任何事情都是她自在悠闲合心合意的生活的基础，钱要有，但是多了也没什么意思。

失恋后，除了经常不自觉地叹气和发怔，明媚并没有让人明显察觉她伤痛的举动。我问她，你不心痛吗？

她说，痛。我的心是一片废墟，比你做出的拉花还狼藉，但事情已经发生了，再恶形恶状，再痛斥对方多么狼心狗肺，对结果也没有任何影响，反而会更加凸显自己的不堪，何必呢。

这样的女子也会失恋。我简直对世间男子智商情商之低和对另一半的要求之高的现实产生了绝望。

为什么失恋，明媚不说，我也不问。

有些伤，当事人不想提起，旁人就应该保持安静，这是基本礼仪。

虽然我的艺术天分被明媚毫不留情地否决了，但我暗搓搓地觉得，既然开始学了，至少得学会画出一颗心吧？

于是我本着即使被讽刺也要坚持的觉悟，又跑到了明媚的店里。

这一次，明媚的店里坐着一个眉眼颇像张智霖的男人。他喝着明媚泡出的咖啡，饶有兴味地看着明媚示范着怎么在咖啡上画出一只萌萌的小兔子。

看到我来，精致的店面显得有些拥挤，男人喝下最后一口咖啡，对明媚说句"我明天再来"，离开了。

我看着他的背影，拉拉明媚的衣角：他是谁？

他？姓陈名书宇。

我八卦：你的第二春？

哪能啊。明媚一脸无辜。

那就发展成第二春嘛。我说，能吃就别浪费，何况还是这么优质的品种。

明媚叹口气：你知道我失恋了吧？

废话。不然我干什么撺掇你绽放第二春。

你知道我是怎么失恋的吗？明媚又叹口气，看向门口：因为他。

啊？你劈腿？我大惊：以你的道德标准和做人处事的底线，你不可能劈腿啊？

劈腿的不是明媚，是明媚的前男友。

明媚和前男友交往之前，就知道前男友在大学时，有个仰望很久，暗恋不息的女神。他为了她做过很多纯情小男生为了女神所能做到的事情，比如在几百人的大课上，他总是能一眼就看到她在哪儿；为她逃了下午的课去图书馆占好位置她忘了，却和别的男生看了电影；偷偷练习她最爱的歌在 KTV 时若无其事地唱给她听却因为过于紧张而走音；她对他的每一句话、每一个微笑都会让他心里暗喜良久；仔细研究琢磨她的 QQ 签名，捕捉细枝末节送温暖送惊喜；想方设法能够和她分在一个小组做 project。

只是青春时的爱情，常常无疾而终。毕业后，他们虽然同在一个城市，却联系日少。明媚遇见前男友时，他已经不再是那个在女神面前手足无措的青涩小男生了，他意气风发，有了因为成长和阅历该有的成熟和稳重。他和明媚温暖地相爱，计划着完婚后组建一个美好的家庭，共度余生。

但青春期未完成的爱恋是童话里那颗有着魔力的豌豆，遇到水分，它就会轰隆隆地、不受控制地疯长起来。

明媚的前男友，在同学聚会时，再遇了他的女神。女神好像感情不甚得意，于是平添了一份楚楚可怜。

那个晚上，明媚的前男友心底已经枯萎的情感有了发芽的机会。

于是，他从明媚的男朋友，成了前男友。

他对明媚说，他不是不爱明媚，但是不知道为什么，自己的心就是不受控制。

也许是因为，未开的花，不曾谢；没结果的牵挂，成为心上永恒的刺青，烙印下遗憾的酸涩。

而忽然有一天，花能开到尽，酸成为了甜，曾经的遗憾有了成为甜蜜奇迹的机会，人便无法止步不前。

于是明媚被留在了重续的前缘之外，成为前男友爱情完成的注脚和弃子。

我最烦这种事情了——你心里住着一个永不忘怀的人，你心心念念要等她，那你就该自己安静地一个人诚恳地等，等到海枯石烂油尽灯枯，我会给你写一个服字。但一边心里惦记着一段情，一边又什么都不耽误地和旁人展开故事，还感觉自己是感天动地的情圣，有着别人都无法企及的纯真情怀，这根本就是自欺欺人。任是再粉饰再装点再自我贴金，也不过是一个披着情圣外壳的朝秦暮楚的烂故事而已。

不过，这又和陈书宇有什么关系呢？

明媚摊摊手，耸耸肩：前男友的女神，恰好是陈书宇的女朋友。

他不看好自个儿女朋友，到明媚这里上蹿下跳干什么？

陈书宇是来挽救爱情的。

他自觉是自己忙于工作，忽略了对女朋友的关怀和爱护，以至于感情出现了裂缝却仍不自知，才终于出现了爱情破局还殃及明媚这条池鱼的后果。

所以他是来负荆请罪的吗？我问。

他？明媚似笑非笑地抽动了一下嘴角：他希望我和他共同努力，各自挽回爱情，他继续和女神一起飞，我回收那个劈腿男。女神就是女神啊，新人旧人都念念不忘地汇成余响，还震聋了我的耳朵。

那你打算怎么做呢？我问。

明媚摇头：我不会对已经逝去的东西还念念不忘，既然他们在我心上用力地开了一枪，那我就应如歌里所唱的，让一切归零在这声巨响好了。

我看着明媚手腕流畅的舞动，在热咖啡上做出一朵雪花来，眼神坚定，表情恬淡，即使心内有无奈有怅然，但不沉沦不放纵，这才是女神吧。

真女神，是不会恋恋于追挽已经逝去的恋情的。

何况，追回来求回来的，又有什么意思呢？

但陈书宇不这么看。他几乎天天莅临明媚的花店，坐在店里喝一杯明媚调制的咖啡，试图以诚意打动明媚和他联手。

陈书宇对爱情的认识有偏差。真正的爱情不该是这样的。

你这次跌倒了，没关系，站起来，总结一下经验教训，下一次能够因为这样而爱得更好，也就是这段失败感情给予你的价值了，为什么要去努力挽回一个伤害你的人呢？男人变了心，最好的应对方式就是二话不说请他走。他不肯走，你还要踢他走，怎么能跪下去低入尘埃地抱着他的大腿哀求他的慈悲怜悯垂怜呢？

再好的男子，也不值得如此。再好的爱情，也不会让你如此。

陈书宇说，其实他们的感情也很辛苦的。

他们苦，我不苦？我还得给三儿的前男友熬心灵鸡汤。明媚从陈书宇面前收起他喝了一口的咖啡，干脆利落地倒掉，说：你不要再来了。我不会再回头，你呢，也是一样，就算你们曾经有过的日子是天上有地下无，就算你们的女神是多么的风华绝代，你也应该前事作废，努力将来。男人要有男人的样子。

有时候，其实并不是不能放弃，只是不敢放弃，因为已经成为习惯，已经不愿花费心力去面对改变后的陌生新世界。但不告别错误的昨天，怎么可能有幸福的机会呢？放弃，需要的不止是勇气，还有人生智慧。这段感情已经变质了，就像已经变质的食物。你现在是陷入了生死攸关的绝境，必须靠咽下它才得以维生吗？如果不是，那就倒掉吧。

终于等到你，还好我没有放弃

我还是没有学会在咖啡里画出一颗漂亮的心，而明媚关了店，给我们这帮熟客发了消息说出门旅游散心，为期三个月。

一个月后，我偶然经过明媚店外，发现陈书宇正端着一杯肯德基的咖啡，坐在明媚店外的长椅上，安静地看着书。

明媚培育的绿萝长得很水灵，垂落下来在长椅上方形成绿荫，别有一种恬静的悠然感。

我走过去，屈起手指，敲一敲贴着"暂时停业"告示的玻璃门：明媚去旅游了，还有两个多月才会回来呢。你别在这里白费功夫了，即使单枪匹马，也请把你那女神抢回来，而那渣男，不用伤害他的肉体，狠狠蹂躏他的心灵，让他带着那永不忘怀的真爱滚去海角天涯继续守望吧。

陈书宇合上书，看着我：明媚真的对前男友没有感情了吗？

当然。明媚又不是那种没有自我意识的、为了爱情可以要死要活的姑娘。她不犯二，也不糊涂，她不会因为已经逝去的爱情摧毁自己，她也不会用遇人不淑来惩罚自己，即使现实给予她的全部都是悲剧，她也会自己把这一切转变成喜剧，她不楚楚可怜，也不自怨自艾。

这样的女子，从来不会遇不到更好的人。

陈书宇说，我明白。最初来找明媚，我确实是打算请她帮忙挽回。可是后来……

后来，你发现明媚更值得你去爱？我喜上眉梢。

会不会太突然了？陈书宇说，毕竟我也刚刚结束一段感情。

切，离开错误的感情，怎么样的速度都不算快。我挑眉，问他，你打算追明媚吗？你对她都还不算了解呢。

陈书宇说，看她待人接物的态度，她的爱情观，就足以明白，在各方面她都一定是个靠谱的姑娘。

明媚可不好追哦。我煽风点火：你必须让她折服于你的灵魂，前提是你的灵魂确实有价值。另外你要对她好到让她离不开你。不然，你可配不上她。

这一次，陈书宇坚定地点了头：怎么会有人放弃明媚这么好的姑娘呢。

他们瞎了。

嗯，他们瞎了，我可没瞎。陈书宇说。

明明是同为被害人，陈书宇原本打算互相理解伤痛寻求救赎的设定，却因为明媚的美好而改了道。这真是一件让人心旷神怡的事情。

我会为你加油打气顺便兼任间谍的。我想了想，又问陈书宇：你没有什么隐藏版的女神情节吧？

陈书宇笑了：明媚就是我的女神。

阳光透过绿萝的缝隙，在他眉眼闪出金色的光。我非常老土地想起两句话：花开明媚，岁月静好。

谁的人生可能永远完好，不经历破碎跌宕呢。而纵使遭遇了，那又如何？

世间万物，皆有裂痕。

但那是光进来的地方。

终于等到你，还好我没有放弃

谢谢你不爱我

就算没有资格做他的女朋友，我也不想被他的眼神羞辱，我要努力进化成更精彩的人。

大年三十晚上，在无数条拜年信息的轰炸里，橙橙的信息别具一格。

她说：妍妍，你知道怎样才能最快地减肥吗？

橙橙是坚定的美食爱好者，她手艺好，一个人能整出一桌完整的酒席来，甜品烘焙也不在话下，还常做了果酱果酒馈赠亲朋。情人节她做的手工巧克力，圣诞节她做的圣诞姜饼，都是我每年衷心的期盼。

我们每次都由衷地说，橙橙你真是贤妻良母的最佳代言人啊。

只是橙橙没有男朋友。

大概是因为，这到底是一个看脸的时代。

橙橙并不丑，但她胖。连"橙橙"这个爱称，也是根据她的体型来的。

但橙橙不减肥。每次我们一帮朋友聚会时嚷着"哎哟，吃这么多必须减肥的节奏啊"时橙橙总是说，减什么减，食欲都没有了，人生还有什么意义。

所以当她主动问怎么减肥最快这样的问题时，我马上意识到，她一定受到了不小的刺激。

橙橙被男神刺激了。

橙橙的男神和她同一公司，领导橙橙所在的小团队，把业务做得风生水起。

男神平时和橙橙相谈甚欢，中午在食堂吃饭时也常主动端着餐盘坐到橙橙对面，和她聊天，说段子逗得橙橙食欲更增。

橙橙对男神并没有非分之想，男神是有女朋友的，橙橙见过，高白美，和男神十分相配。橙橙把对男神的小倾慕埋藏得很好，从不做灰姑娘的梦。

哪怕男神请她代为制作送给女朋友的情人节手工巧克力，橙橙也并没有醋海翻波，她跑遍市内所有大型超市，悉心选择最好最新鲜的材料，在情人节前夜安静而认真地做出草莓白巧克力，再把它们组成花束，为男神的爱情添砖加瓦，发光发热。

几乎熬了一个通宵，橙橙才带着完美的情人节手制花束到公司，交给男神。

情人节距离过年，不过只剩下三天。公司里大部分同事都已经请假踏上回家过年的路，安静的公司里，男神蹙着眉头看着电脑，对捧着草莓白巧克力和花束的橙橙说，我今天必须加班，但是快递都不接单了，这心意，我怎么送到女朋友那里呢？

橙橙一贯古道热肠，她说，我替你去送吧。

于是橙橙又捧着自己做出来的心意，打车去了男神女朋友的住所。

男神女朋友打开门，看到橙橙，露出意外的神情：你们快递不是年前不送单了吗？

橙橙怔了怔，说，我不是快递，我是那谁的同事，他今天要加班，所以我替他把情人节礼物送给你。

男神女朋友的妈妈迎出来，对橙橙说，抱歉啊我女儿就是这么直，请进来喝杯热茶吧。

橙橙说自己得赶回公司加班，拒绝了。

门关上的时候，橙橙分明听到她们说：你别说，她那体型，还挺适合送快递的。

笑声随着距离越远变得越小，却变成一根刺，一点不浅地刺进了橙橙心里。

回到公司，男神对橙橙说，女朋友说巧克力花束太好看了，已经拍照发了朋友圈，还说要介绍朋友向橙橙订手工蛋糕。

橙橙笑着说，谢谢啦。

第二天午餐，橙橙到餐厅时比较晚。男神和另一个女同事坐在一起吃饭。

女同事对男神说：你不会不知道橙橙对你有点意思吧？

男神说：知道啊。但就她？呵呵。

男神背对着橙橙，她看不见他的表情，但那声笑，击溃了橙橙所有的自尊。

那笑声,把扎在橙橙心里的刺,变成了一把刀,在深不见底的心里搅动。

减肥说难也不难,不过是少吃多运动常坚持。

过了正月十五,橙橙便到健身会所注了册,还请了一个塑形的私人教练,开始进行严格的运动锻炼。

最开始的一个月,橙橙减肥的成绩斐然,整整减了十公斤。这是一个让我觉得不可思议和大吃一惊的数字,以至于我在朋友间大肆宣扬,甚为替橙橙的毅力和努力沾沾自喜,好像减掉的是我自己身上那顽固的赘肉。

朋友们纷纷表示要见一见取得成绩的橙橙,吃烤肉为她庆祝,却在橙橙终于最后一个出现在聚会中时,集体沉默了。

橙橙是减了十公斤,但是因为基数不小,那十公斤并没有让她从橙子变成凹凸有致身材玲珑的尤物,她仍然像橙子,只不过,变小了一点。

从前最爱的烤五花肉烤牛舌,橙橙一口未尝。她整场都只喝柠檬水,不再全场都 hold 住地替这个烤肉替那个加酱料,她的眉眼比从前疲倦,精神比从前萎靡,笑容比从前暗淡,神采再无飞扬。

我们面面相觑,尴尬的氛围太过明显,被橙橙明显地察觉到了。

她站起来,说,我在,你们吃得都不痛快,我先走吧。

我们拉住她说,橙橙你这又何苦。不管你是小橙子还是大橙子,我们都发自真心地爱你,你永远是我们最得劲的朋友,最在乎的橙橙。男神什么的,你何必这么在乎呢,反正你也没打算做他的女朋友。

就算没有资格做他的女朋友,我也不想被他的眼神羞辱,我要努力进化成更精彩的人。橙橙说完便转身走了,留下我们看着她依旧有存在感的背影,无言以对。

终于等到你,还好我没有放弃

自尊没有形状，也没有重量，但却有压倒快乐、刺痛心灵的力量。

橙橙正在和它搏斗，我很希望橙橙能赢，却又怕她即使胜了，也不过是惨胜。

之后的半年，我没有见到橙橙，她像是从朋友圈里消失了。我每一两周发过去的消息，打过去的电话，都得到了"我很好"这样并无实质内容的回复。

再见到橙橙的时候，是在夏天，我陪我家先生去选购夏装，却意外地遇到了橙橙。

我和她擦肩而过，却并未认出她来，倒是我先生拉住了我的手腕，指示我回头：那是橙橙吧？

我转过身，看到熟悉的，属于橙橙独有的神采飞扬的笑容，和陌生的，我第一次见到属于橙橙的玲珑有致的身材。

我跑过去，一把抱住她：姑娘，你成功了。你所有的努力和辛苦，都在我的擦肩而过却不识里得到了确认。

橙橙笑，她身边一个男生也笑。橙橙介绍说，这是我男朋友。

我仔细打量，也笑了——橙橙这男朋友，可比她那男神优质多了。

我问橙橙，是怎么做到的？分享下经验，让我也和旷日持久让我恨得牙痒痒的赘肉 say goodbye 哇。

橙橙说，最重要的，不过是坚持二字。

橙橙日复一日地严格按照教练制订的运动计划锻炼着，经过了减重 – 反弹，减重 – 再反弹和瓶颈期后，她终于把体重降到了理想的水平。

但因为心太急，一开始橙橙近乎断食，只喝水和果汁。

终于在体力透支的情况下，她晕倒在跑步机前。同在一家健身中心健身的男生送她去了医院。

橙橙在医院醒来，看着滴下的营养液，忍不住大声哭起来。那个瞬间，她想放弃。

男生端着一碗粥走进病房。他问橙橙，你为什么要这么辛苦地健身？

橙橙指一指自己的肚子：这不是很明显吗？

男生笑了。如果只是因为胖，那么我觉得，即使胖，女生也有自己独特的美。只要不影响健康，稍微胖一点并不值得你付出快乐的代价。他说，你知道我为什么去健身吗？

因为我生过一场大病，差点死掉。经历过这些，我才明白为什么健康是最大的幸福。我现在在合理的范围内做运动，是为了让身体运转正常，能够健康地支撑我一切享受生命的行动。如果要我为了多一块腹肌会显得更好看一点而付出并不快乐的代价，我一定会放弃。

他把那碗粥递给橙橙，他说，你有意志力，但你也要有健康的身体。

那碗粥，是橙橙自减肥以来，吃得没有负罪感的第一餐。

男生后来成了橙橙的男朋友，但橙橙并没有放弃健身。只是她的出发点，从让男神刮目相看，变成了让自己更加快乐和满足。她不是为了男神而勉强自己，她想变美丽，想成为最好的自己。

橙橙不再远离厨房，她又欢快地下厨给自己炮制起美食来，因为男朋友带橙橙去咨询了营养师，给她制定了一份健康的食谱。

只是因为角度的变化，心底的压力竟然一扫而空，自然而然产生的动力和朝气让运动和减重变成了快乐的一部分，改变也在一点一点地发生着。

她选择衣服不再只以宽松为原则，逐渐对搭配有了兴趣、想法和心得。在男朋友的鼓励下，她报了个人形象课程，学着化妆、了解什么是适合自己的色彩性格，努力修炼起个人气质和特质。

终于有一天，男神对着穿着得体，妆容自然的橙橙，感叹她成为了新的女神。

好像所有的努力和坚持中的艰辛，都应该在男神的肯定里得到回报，但那一刻，橙橙发现，她一点也不在意男神怎么看自己了，对她而言，这个人已经无足轻重，他的否定和肯定，都影响不了她的自尊和自信。她已经把男神远远地抛在了世界之外。

看着眉眼明朗笑容饱满的橙橙，我也觉得心花怒放。旁人理所当然拥有的东西，橙橙一天一天地努力了半年才终于得到，但其中所获得的成就感和满足感，也是旁人所不能体会的丰富和美好。

念叨了多少年却从来都半途而废的我的减肥之旅，我也打算重启。我也想成为更好的自己，想要自己的心灵变得更富足和强大。从这个角度出发，世界就会满是动力和希望。就像橙橙，一点一点的改变，一点一点的收获，经过时间的打磨，发出耀目的光，让裹足不前的人都忍不住羡慕。

橙橙说，我原本打算这个周末就约你们见面，顺便告诉你们，我和男朋友已经订婚了。

我大笑，豪迈地拍手：定场子的事情交给我，约人的事情交给我，你只要选好自己心仪的衣服，挽着男朋友闪亮出场就好。

被无形恶意伤到的人，曾经实实地疼过、痛过、哭过，愤怒到绝望过。

这之后，那些伤口，是成为三不五时就重新流血的软弱，还是最终愈合成你曾面对磨难，最终更坚强地拥有了再不被同样的恶意影响的人，大概源于有没有勇气和毅力，肯不肯坚持和努力。

逆袭从来不神奇，只要坚持着，哪怕艰辛也走下去，终有一天，你会变美丽，你会变强大，你一定能成为最好的自己。

生活总是让我们遍体鳞伤，但到后来，那些受伤的地方，一定会变成我们最强壮的地方。

终于等到你，还好我没有放弃

假装不曾相遇，
假装不曾在意

但无论经历了怎样的伤痛，这世界，还是有真正的爱的。赤道会留住雪花，眼泪能融掉细沙，你一定会遇到真心珍惜你的那个他。

和冬天同时到来的，是小令怀孕的消息。

告诉我这件事时，凌楚和周周的表情有着平时少见的复杂和沉重。

我刚刚从呵气成冰的外面进入温暖的室内，睫毛上都蒙着水雾，完全没有感觉到这个消息有什么需要惊愕的。小令和她男朋友陈辉恋爱三年，本就是准夫妻的模式，在我看来，大红包我是包定了，有了孩子不过是计划提前而已，并不算多么了不起的事情——何况，在我们四个大学同窗之中，小令是最喜欢孩子的。

凌楚递了杯热巧克力给我：小令和陈辉，上个月分手了。

我捧着那杯热巧克力，凝固成了一个雕塑。

陈辉暗度陈仓已经半年了，就像所有贪图新鲜另结新欢的故事一样，毫不新鲜。而劈腿是个考验智商和体力以及逻辑能力管理能力的活，天长日久，陈辉 hold 不住了，终于，他摊了牌，负了小令，奔向新欢。

不知道是还有最后一点廉耻感存在，还是压根就没有廉耻感，总之，分手这件事，陈辉根本没有当面和小令做任何交代。他发了一个微信消息，说会把属于小令的东西还给她，然后就把小令拉黑了。

昨天还温情脉脉的人转身就给了小令致命的一刀，甚至连一点点的歉意都没有。小令醉了两场，哭了几天，然后在第五个失眠后的清晨，把陈辉的一切联系方式都删除了。

她清理好陈辉的东西，等待陈辉出现时，交还给他。

但陈辉依然没有出现，是一个叫作陈致远的男生把小令平时放在陈辉那里的东西给送来的。小令打开门时，还以为他是快递。直到他开口说：姚小令你好，我是陈辉的同事，他请我把这些东西给你送来。

原本以为自己已经心死到可以冷然和陈辉互换物品然后扔给他一句"谢谢不娶之恩"的小令，在面对完全陌生的陈致远时，还是崩溃了。

陈致远看着蹲下去抱着膝盖痛哭的小令，手足无措，只能也蹲下来，轻轻拍着小令的肩膀安抚着，等待着她平静。

陈致远没有等到小令平静下来收下陈辉送来的爱情遗物，小令哭着哭着，昏了过去。

医生诊断小令并无大碍，是精神衰弱加上营养不良。他把陈致远当成

终于等到你，还好我没有放弃

了小令的家属，告诉他，小令的孕酮特别低，如果不好好保养，孩子很有可能保不住。

小令醒来时，看到的是陈致远略带歉意却又满是怜悯的目光。小令想发火，却又知道这和陈致远毫无关系，她只能冷着脸，对陈致远说，你可以走了。

陈致远问小令：孩子呢？你要做手术吗？

小令下意识地护住了小腹。她沉默了几分钟，然后坚定地说出四个字：我要宝宝。

可是，陈辉已经要结婚了……陈致远期期艾艾地说。

我的孩子，和他没有关系。小令说，也请你不要对他透露这件事情。我和他，至此再无相关。

我和凌楚、周周走进病房时，正好听到这句话。凌楚急了：你要做未婚妈妈吗？你有想过单亲对孩子的影响有多大吗？

就算我给孩子一个家庭，但父母之间没有爱情，这个家也不过是实际上的单亲家庭而已。小令一字一字冷静清晰：昏过去的时候，我以为孩子会没有了，那个时候我心里的恐慌和绝望远远大过知道陈辉的出轨，所以，我很确定，我要宝宝。

可是没有爸爸，就凭你一个人的能力养育宝宝，现在的生活环境和教育环境压力多大啊！周周叹息，不是都说了吗？别让孩子输在起跑线上啊。

还没出生就和别人开始比较，这才是悲剧。小令说。我爱这个孩子，我会为了他承担一个母亲应该承担的责任，这和结婚不结婚没有关系。

我的人生，是我自己的。我对我自己负责，也对我的选择、我的孩子负责。

我们集体失去了声音，陈致远远远地站在病房的角落，表情是一片空白。

未婚妈妈，说起来不过是简单的四个字，其中的沉重和重压，即使在旁边一直陪伴照顾的我和凌楚、周周，也都无法完全体会。

小令孕酮低，必须打黄体酮，好不容易指数正常了，却又轻微流血，医生要她尽量静养。小令辞了职，断了收入来源，她开始零散地接一些翻译的活来维持收入，她还挺乐观，说这是不动声色润物细无声的语言胎教。

凌楚正陷入一场三角恋里日夜混乱，她男朋友也劈了腿，但凌楚和小令不同，她立定心思要打赢这场战役，抢回男朋友，至于抢回以后是踹是爱，那就看到时候的心情了。

我苦口婆心劝她遇到这种三心二意的男人，立刻撤退才是对自己最大的善意，但凌楚不甘心。这种不甘心，让她红了眼横了心。

于是我和周周商量好，我们两个人轮班，每天必须有个人去看看小令，陪她聊天，替她煲汤打扫，和乐乐说话。

乐乐是小令给宝宝取的名字，乐观知命，不怨不怼。

定期出现的，还有陈致远。

小令对于他的出现是很抵触的，但是陈致远说，他有责任，陈辉和那三儿，是通过他认识的。

那三儿原本是对陈致远有好感的小师妹，但陈致远一直对她不来电。陈致远生日时，小师妹不请自来，和公司的同事一起吃了饭，K了歌。

但陈辉是怎么和她黏糊上的，陈致远完全没想到。在不知道陈辉还有个女朋友时，小师妹和陈辉成了，陈致远还觉得松了口气。替陈辉送东西

终于等到你，还好我没有放弃

给小令时，他才恍然发现，陈辉负了小令，而他，成了扔向小令受伤的心的最后一块石头。

他说，后来才知道，小师妹是知道小令的存在的。所以，作为沾了边的当事人的自己，不做点什么，于心不安啊。

于是他成了我们的免费劳动力，承担一切脏重累活，还负责在乐乐的胎教故事里为所有的男性角色配音。

局外人很容易认为伤口会完美愈合，疼痛会轻易过去，那些曾被不甘、无奈、痛恨啃着心的夜晚不会重来。

但只有局内人才知道，那熬过的一分一秒，是多么艰难，又多么漫长。

当我们都以为小令已经痊愈时，小令却忽然爆发了。

那天我陪小令做完产检回来，乐乐发育良好，一切情况正常，四维彩超的影像里挥舞着小手。小令心情很好，还亲自下厨做了披萨和黑椒牛柳意面，招呼我和不请自来的陈致远吃晚餐。

吃到一半时，陈致远趁着气氛良好，说，陈辉今天领证了。

那渣。我喝一口红酒，挥挥手，让他结让他结，千万别中途离异再去祸害别人。

我以为小令会微笑着说，妍妍你别这么损，让他们去吧。

可是小令伸出手，狠狠地扫过了餐桌。哗啦一下，白瓷的碟子彩瓷的碗，水晶的红酒杯玻璃的沙拉盘，落地开花，一败涂地。

然后她伸出手，指着陈致远，说，请你走，请你不要再出现了，我不想再看到你。就像我不想再想起陈辉，不想再一次提醒自己，在这段感情里，我究竟有多失败。

这个时候，我才知道，小令并不是没有想过为了乐乐而挽回陈辉的，她并非倔强地不想给乐乐一个完整的家。

她去找过陈辉，自己的手机号被拉到了黑名单，她就用借来的座机打电话给陈辉。陈辉听到她声音的瞬间，就挂断了电话。

小令去了陈辉家的小区，站在冬天的寒风里在楼下等着陈辉回来。楼和楼之间刺骨的穿堂风一秒也不停息，她裹紧了外衣感觉到乐乐不安的躁动。

她等到了陈辉。他肩线的弧度，光亮的额头，墨黑柔软的头发，嘴角弧线的角度，和修长的手指，是她太过于熟悉的模样。

但他身边还有另外一个女生，挽着陈辉的手臂，而陈辉手里拿着超市的购物袋，一副温馨的小夫妻日常生活的状态。

小令看着陈辉走近，和他的视线对接。世界的步调忽然变得缓慢而不确实，他的目光很像是有一瞬间，像水波一样摇摆荡漾着泛起波澜，但下一瞬，他便移开了视线，看向身边的人，表情自然大方，温暖平和，就像小令真的不过只是一个路人。

没有寒暄，没有对白，没有多余的情绪流转，也没有乱了步伐，他和小令擦身而过。

带起的空气流动，像是轻微的风，却有着撕裂世界的力量。

至少，小令知道，乐乐的世界，是被撕裂了。陈辉和他们，确实再无瓜葛。

小令伏在地上恸哭，我和陈致远都无法对她的伤悲给予任何安慰。我明白小令。陈辉是她的伤痕。陈致远是这伤痕的延伸。

终于等到你，还好我没有放弃

陈致远没有再出现在小令面前。他间或微信我了解一下小令的近况。

人和人之间是有感情维系的。小令是个明理的、温柔的、不做作的女子，即使和她相处短暂的陈致远都能把她当作真正关心的朋友，和她相恋三年的男朋友却能说变就变，可见男女之间，牵扯到爱情，感情就会变得多么凉薄。

小令临近预产期，陈致远问我，小令真的不打算告诉陈辉关于乐乐的事情吗？

这是小令的人生，我们应该尊重小令自己的选择。

人生的底色是黑色的。人生的百般味道中占最大比例的是苦味。每个人都在一条单向的路途上，从这里到那里，从此处到彼处，从这个谁身边到那个谁身边，为的是从生到死。

人生就是一个不断失去的过程，却常常让人误以为是在得到。

但我们仍然愿意用七分的苦，两分的酸，去换取那一分的甜。

而对小令来说，乐乐，就是她人生的甜。

陈致远也开始了恋爱。他的另外一个小师妹向他告白了。他拒绝了一次，拒绝了两次，在第三次，小师妹说，你为什么一个机会都不愿意给我呢？

陈致远并非没有恋爱过。他的事业顺利，前途光明，遇到的好女子也不少。但谈过的几次恋爱，最终都风过无痕。要么对方和他三观不合；要么他不配合对方随传随到的要求；要么只是看上他的前途，想把他当作稳定的结婚对象；要么就是感觉对不上，得不到恋爱的心动。

他说，这一次，我打算尽力配合。

过了半小时，他又补了一句，我不想像陈辉一样，让对我抱有期待的真心受伤。

乐乐出生的时候，我和凌楚、周周一起陪在医院。小令的父母早已离婚，各自都有了新的家庭，小令也没通知他们。

小令难产，熬了二十几个小时，才终于把乐乐生下来。

是个女孩，很爱笑，和小令长得很像。我把乐乐放在小令的身边，说，真是个折腾人的小东西。

再疼痛，也是希望。小令温柔地抚摸着乐乐的小脸蛋，满心满意的都是幸福。

护士过来看乐乐，对小令说：这么可爱的小女儿，爸爸一定乐坏了。

她没有爸爸。小令说，表情平静恬淡，没有爸爸也没关系，她有我。

护士像是见怪不怪：对，这年头，多少人有爸爸和没爸爸没什么两样。不过办出生证明的时候手续会多一点，过几天你身体恢复了一点，我再详细向你说明。

护士又转向我们：那坐月子的注意事项和照顾小宝宝的注意事项，我跟你们说？

和我说吧。

这句话，是出现在产房门口的陈致远说的。

我站起来，拍他肩膀。好家伙，他果然来了。

陈致远确实打算认真对待小师妹，只是，这份感情最终还是没有结出果。

他们像所有情侣一样，营造甜蜜的气氛和感觉，累积爱情和默契。小师妹努力发掘和陈致远的共同爱好，她陪他看他想看的电影，给他做午餐

终于等到你，还好我没有放弃

的便当，他和朋友踢球时坐在看台上激情洋溢地当啦啦队，即使请假也配合他的时间，陪他去他想旅游的地方，还提前做好了攻略。

她明理、温柔、不做作让陈致远觉得，自己这次找到了合适的伴侣。

他开始认真考虑和小师妹结婚的事宜，和她一起看房子，计划未来的生活。

直到他们去了华山。

在过长空栈道前，同行的人开玩笑说，如果有想要最终告别的人，现在可千万要打个电话给他啊。

那一刻，陈致远心里想到的，居然是小令。

也是在那一刻，他终于明白，为什么会不想辜负小师妹苦求的机会，为什么会和小师妹相处融洽，但内心深处却总有一些不安被悉心收藏、不敢细究。

下了华山后，他和小师妹分了手。

他说，我知道我现在和你分手很混账，但如果和你结婚，那是更混账的事情。因为，我没有办法给你最好的爱情，而你，值得有人全心全意地对待。

他辜负了小师妹。但，如果不爱她却又任由她沉溺，这才是对她真正的辜负。

然后，他赶到了医院。他对小令说，乐乐有爸爸，我就是她的爸爸。

他说，我不是你的伤口，从今之后，你再没有伤口。

小令带着笑容哭了，我们也哭了。周周哭得一塌糊涂，我哭得歇斯底里。

凌楚哭得最山崩地裂，边哭边说，虽然我被三了，但是我还是相信爱情。我也要和劈腿君分道扬镳了，何必周而复始地捅自己两刀又 cos 医生自我治愈呢，我一定会遇到更好的人，就像小令遇到陈致远一样。

乐乐周岁时，小令在朋友圈发了全家福，陈致远左手抱着乐乐，右手挽着小令，一家三口笑得像甜美的童话。

作为观众的我，看着那张全家福，也自然而然地漾开了笑容。

我们都有着无法逃避的伤。平顺而没有波折的爱情经历，在现实里太不常见。我们都在爱情里跌跌撞撞地受伤，然后成长，然后学会安静地把一些人一些事一些情藏在心里，假装不曾相遇，假装不曾在意，假装转过身，就从此失忆。

但无论经历了怎样的伤痛，这世界，还是有真正的爱的。赤道会留住雪花，眼泪能融掉细沙，你一定会遇到真心珍惜你的那个他。

就像小令在那张全家福上写下的话——愿勇气和真爱，与我们同行。

终于等到你，还好我没有放弃

用
新
爱
来
疗
愈
旧
伤

　　西塘的雨，一下起来就像永生永世都不会再停止一样。

　　青石板铺就的巷弄里，被迎面而来的人撞了一下，林琪手里的伞落在地面。但她没有再理睬那把伞，随手推开了左手边的不知道是什么店的玻璃店门，毫不迟疑地走进去，在距离最近的空位置坐下来，径直趴在桌面上开始抽泣。

　　但只畅情哭泣了不到两分钟，就有人打断了她。

　　林琪抬起头，透过漫布眼睛的泪水看过去，拍着她肩膀的是个男生，站在桌子旁边，清瘦而高。

保持着这种居高临下的姿态，他对林琪说：姑娘，你要鬼哭狼嚎我们也劝不住，但是你可以换张偏僻点的桌子吗？别吓坏了有情人，影响我的营业额。

顺着他的视线看过去，林琪赫然发现对面坐着的是一对情侣，他们的手紧紧地握在一起，眼神却呈现出因为林琪的出现而出现的惊恐感觉。也难怪，对面忽然有个女生坐下来没有任何交代就开始大哭，换成是谁都会有点莫名其妙吧。

但是林琪才懒得管。她仰着头，瞪那个叫她换位置的男生：给我杯伏特加。

男生微微俯下身，问她：红梅汁？青柠汁？苏打水？汤力水？或者只加冰？

喝个酒还这么多麻烦，林琪不耐烦地摆摆手：只加冰。

反正她的目的，不在酒味，只在喝醉。

从没喝过酒的林琪一口气就喝下了一整杯伏特加。然后她站起来，摇摇晃晃地走出了店，蹲在小河边，吐得天昏地暗。

一个男生的声音传到林琪耳朵里：你没事吧？

大概是酒吧街上那块"艳遇其实只有一桌之遥"的木质牌给人以这里随时都有艳遇的暗示。可是林琪不想要艳遇，所以她对那个人说了个字正腔圆的，滚。

一只手越过了林琪的肩头，递过来一张纸巾。林琪侧过了头，看见的是那个给她酒的男生。

他对林琪说：把脸擦擦。女孩子，任何时候都不要把自己弄得太狼狈。

陆明朗把林琪带回了咖啡店里，还给她弄了杯温暖的焦糖玛奇朵。

陆明朗说：姑娘，喝了这杯咖啡，就好好照顾自己吧。孤身上路的人，总有一段心事和辛酸。但，活于世间的人，谁又没有一段心事和辛酸呢？

失恋又不是什么穷途末路的大事。等你痛过一两次五六次的，你就会发现，自尊比爱情还是重要一些的。

林琪醒来时，天又黑了。

即使天寒，雨如丝，游人却仍然如织，而且大部分都是情侣，笑容舒展，表情甜蜜，手牵得紧紧的，像是世界上没有其他人一般。

绵密的针一般的细雨并不影响女生们放河灯的心情。河边的灯火绚烂，繁华盛世，繁花似锦，像是一切都花好月圆，世间无忧。

天下熙熙，皆为情来，天下攘攘，皆为情往。

林琪也买了一盏莲花形状的河灯。卖河灯的小贩帮她点燃了小蜡烛，又问她，要不要写下心愿？

林琪点点头，在那张浅绿色的纸上一笔一画认真地写，程翊，你快点来给我一个答案。

折好祈愿的纸，放进河灯里，再把河灯小心翼翼地放进水里，看它一晃一晃地带着小小的、希望的光晕逐渐远离，和星星点点的其他河灯混在一起，再也分辨不出来。

有人在她身边和她并肩蹲下，居然是陆明朗。林琪看看时间，晚上八点，正是咖啡店的黄金时间。

陆明朗耸耸肩：我今天就觉得不想开店，想漫步河边，赚钱哪有悠闲地享受人生重要。同理，爱情也没有人生重要。我总担心你会一时冲动就投水。

林琪说，我就算想跳河，也得先把你踹下去。

他像是真的相信一般后移了一点：我是好心劝你，别离水那么近。要知道千百年来有多少痴心女子曾经临河落泪，有多少一时冲动就投水了。你现在可是浑身充满黑色的怨念，万一怨念共鸣，那你就小心有魂魄拉替身了哈。

行了行了，别说相声了，我只放个河灯许个愿而已。林琪不耐烦。

陆明朗没说话，只是伸出手指了指正前方的水面。

顺着他的指示看过去，一只小小的木船上一个穿着蓑衣的老船工正拿着长长的打捞垃圾用的筛网，在河面上一把一把地捞着什么。

什么啊？林琪不解。

你们这些痴心女子放的河灯呗。陆明朗说，看到没，这就是虔诚愿望的最终归宿。

林琪不得不承认，这可真像某些明珠暗投的爱情。

爱情不是考试，不是赛跑，就算尽了力也没有用。可是，想要解脱，哪有说起来的那么容易。

所以她一直等，等程翊回来，等她应该得到的一点尊重和一个交代。

曾是寂寥金烬暗，断无消息石榴红。林琪等来等去，终究还是自己的独角戏。

林琪认识程翊那天，也下着雨。

淋漓的雨让没有带伞的林琪手足无措，站在校门前的公交车站里发愁，这个时候，程翊拍了她的肩膀：你是哪个系的？我送你吧。

他撑着深蓝格子的伞，走在林琪的左边，伞一直向她倾斜，走了一公里。

终于等到你，还好我没有放弃

当林琪问他名字的时候，他对她说，我是程翊，你是丫头。

仿佛他们已经认识了一辈子。

后来林琪问他，为什么自己被他叫作丫头呢？

看到你摇头晃脑的样子，就觉得你应该叫作丫头啊。程翊把右手伸到林琪面前：丫头，你握住我的手，我们就可以恋爱啦。

那个瞬间的他，是那样纯真温柔，所以林琪的心里，桃花玫瑰，都盛开了。

后来，程翊的QQ签名一直是"程翊永远只爱丫头"，可是，古人多么有智慧和远见呢。他们说过的，乐极生悲，原来都是真的。

程翊比林琪高两届，林琪大二的结尾，程翊也临近了领毕业证的时间。在图书馆陪林琪看书时，程翊接了一个电话。他像触电一样从电脑前跳起来，跑到图书馆的阳台上和电话那边的人对话，留下一个打开了的QQ对话框，和茫然的林琪。

那个对话框里的字，把林琪的心给刺穿了。

——丫头，你回来吧，你不要我了吗？

林琪忍不住点开了那个QQ的聊天记录，然后发现，这句话，程翊每天都发给同一个QQ。从三年前开始，从林琪还没有遇见程翊开始。连他向她伸出手，连他说"我们恋爱啦"的那天，也不遗漏。

程翊就在接完电话后回到笔记本前，订了到西塘的车票。

他没有和林琪说为什么要去西塘，他也没有说他什么时候离开、什么时候回来，他甚至没有在乎林琪肿起的眼睛。

电影剧集小说里的出走，大半是幸福的引子。现实里的出走，常常就是走了，也就走了。

毫无预兆的，程翊就在林琪的世界里消失了。他的毕业证是他同寝室的同学替他代领的，任凭林琪怎么问，他同学也不肯透露他的去向。

所以她也没有机会问：程翊，如果你打算不回来，那么你是不是应该，好好地跟我说一声再见呢？

程翊没有干脆利落地履行分手的仪式，明明应该是句号的地方，偏偏画上个逗号，所以即使知道这段关系里是彻底地输了，林琪还是没法干脆利落地忘掉。

她放下尊严，放下个性，放下骄傲，都因为放不下程翊。

那之后，时间并没有改变什么，一年半过去，程翊依然消失无踪，林琪依然独自困守。

也许，你们都误会了。他误会了打发寂寞缓和心痛的方式，你误会了爱情。陆明朗认真地对林琪说，但既然知道问题在哪，就很好解决，你要做的只是让自己和这段关系告别。

别把等待看得太浪漫。等待是一件成本巨大的事情，消耗的每一分每一秒都是你不可再得的生命值。如果按照一百年算，少幼时期十六年，女性平均四十五岁开始更年期，你的好时光并不多，你还打算消沉多久？已经失去的再缅怀也没有用，真的不要虚耗光阴，想办法解脱才是正经事。

林琪愣住了。她从来没有想过要从这个角度来分析问题。

陆明朗说，有没有人告诉过你，新的爱情可以改变旧的留恋？句号在哪里画下，是由你自己决定的。认输离场，另起炉灶，没有那么难。你要不要留下来，感受一下做这家温馨的咖啡店的老板娘的滋味？

哈？林琪瞪大了眼睛看着他：我们才认识多久？

终于等到你，还好我没有放弃

没道理，感情都没道理，都不过是瞬间天雷勾动地火，忽然就对上了眼。陆明朗说，反正我觉得你挺可爱，和你斗嘴也挺开心，我们气场蛮合的，你考虑一下又不吃亏。

　　与只认识一小时的人在一起，和与认识十年的人在一起相比，感情的发生其实没有什么不同，会爱上某一个人，都不过是在一瞬间。

　　所有的感情都是后来居上，会结束的感情都是不及格，而开始一段合格的优质的爱情，就会忘记爱情里曾经遭遇的痛苦和卑微。

　　林琪打开了手机微博。

　　她只关注程翊。一旦打开微博，看到的都是程翊的动态。

　　从他离开林琪的那天起，他的微博就停止了，可是这一刻，林琪打开微博，发现他发了新的内容。

　　他 PO 出了两张去墨尔本的机票，以及一双紧握着的，带着婚戒的手。他写的还是那句话，程翊永远只爱丫头。

　　机票上的时间，是林琪在陆明朗的店里痛哭的当晚。

　　林琪爱上的并不是一个冷血的人，只是，他的所有爱情和热情，都只给了一个人。丫头是他的骨髓。而林琪不过是他随手摘下的一朵花。

　　那么，就承认过去都已经过去了吧。一直纠结于一段已经枯萎的感情，是不会有未来的。

　　林琪的视线离开微博界面，落到了陆明朗身上。他对她眨眨眼，给她一个带着几分轻佻却又有着几分温暖感的笑容。

　　林琪抬起手指，给程翊的微博，点了一个赞。

　　然后，她一条一条地删除了以往和程翊有关的所有微博，继而双向解除了她和程翊之间的互相关注的关系。

以往，她能放下尊严，放下个性，放下骄傲，都因为放不下程翊。可是放弃，原来不过是一瞬间的事。

西塘哪里有店家能定时代寄明信片的地方？林琪问陆明朗。

猫的天空之城可以。陆明朗说。我陪你去？

林琪点点头。

猫的天空之城里，有长长的被分成很多小格子的明信片陈列柜，林琪抽出了一张小王子的明信片。

她在后面写了四个简单的字——往事，借过。然后拿出手机，拍了照，上传到微博。

微博发送成功，她举着手机对着陆明朗大声嚷起来：快点，给我的第一篇微博点赞！

然后林琪又问陆明朗：陆老板，你家店的具体地址和邮编是什么？我想实验看看，五年后，我是不是这家店的老板娘。

陆明朗用力拍了拍她的头，接着开始在她头顶上一下一下不断地轻按。

他带着柔软的笑意，说，林琪，我会给你，点一百万个赞。

有人特意去异乡找艳遇却失望而归，有人特意去异乡找旧爱却寻到新欢。缘分就是这么奇妙，也许这趟旅程，不是为了遗忘，而是为了开始。人生和爱情好玩的地方，就在于永远有无限可能，转个弯，又是新世界。

有勇气的人，会用祝福和感激，勇敢面对失去。

试一试总是好的。即使受伤，也远胜过不尝试，人本来就是一直在犯错中寻找正确的答案。就算人生必定会让人受伤失望，但那些疼痛，总会成就为坚强。成为伤口的过往，一定也有着幸福的形状。

终于等到你，还好我没有放弃

有生之年，终能遇见

婚姻和爱情是两个维度的事情，但我会一直等待能将它们连接的人。我相信，有生之年，终能遇见。

新春佳节哪能躲得开亲戚的逼婚、长辈们互相之间推荐子女亲戚相亲呢。适龄、大龄甚至高龄的单身青年过年期间免不了要心塞个几次。

在这种大环境下，林寻发了朋友圈。

20:38——为了结婚而结婚，是对自己、对方，和人生的放弃。

21:45——婚姻和爱情是两个维度的事情，但我会一直等待能将它们连接的人。我相信，有生之年，终能遇见。

22:03——我打算转行了，去写书。或者段子手也行啊。

我默默地退出朋友圈，跟我男人说，林寻还在相亲的这条路上坚持着。

我男人说，那有什么不好？她是一个有自我的姑娘，她不会为了结婚而结婚，不会屈就于现实的压力，相亲不过是多一条遇见合适的人的途径，林寻的这条路比别人是长了点，但她的终点，一定比那些看条件不看感觉的姑娘更完美。

也是，林寻是个活得明白的人，她一早就认清了幸福只是自己的事情，她并不抗拒婚姻，只是没有遇到让她愿意踏入婚姻的人。

倒是林寻家的七大姑八大姨一直觉得疑惑，林寻长得好看，性格也开朗，在职场也是一妥妥的精英，这么优秀的姑娘，怎么就找不到条件匹配的对象呢？

林寻却不是按照条件寻觅对象，她努力变得更好更优秀，不是为了加重筹码去增加选择的范围找到一个条件更好的人，而是让自己不需要去攀附别人。

无关条件，只关感情，林寻抱着"寻找真爱"的目的，在相亲活动里穿梭，将这一原则坚持到底，但屡战屡败。

林寻并不是没有恋爱过。和高中时认识的男朋友恋爱了七年，她为了他放弃了去美国的工作机会，一门心思地做贤妻状往白头偕老的方向前进。结果，在他们约定去登记的情人节的前一个月，林寻知道了男友出轨的事实。

酒店已经订好，婚纱照也已拍完，新房只差装空调了，喜帖都派出去了，林寻却毅然决然地选择了分手，自己一张一张收回了喜帖，和准先生说再见了。

经历过这些，被一个长久以来信赖的人欺骗，而林寻依然相信爱情，并且愿意为此付出努力和真诚，这其实是一件值得庆幸的事情。

可是相亲……我总觉得并不是通向真爱的最佳途径。

林寻也不是没有和相亲对象试着交往过。

有一个在政府机关工作的男孩子，有很阳光的笑容，待人接物彬彬有礼，聪明上进，在单位有着很好的口碑，学历也很好，前途无量的样子。

林寻没有爱上他，但是当时，林寻的妈妈说，相处过才有感情的人太多了，你总是见两面就拒掉，怎么可能发展出感情呢？

林寻并不反感他，而他对林寻也很上心，于是她想，试试看好了，也许凡事真的需要过程呢。

他们成为了每个外人眼里都合适的一对，外貌合，工作合，爱好兴趣合，脾气性格也合。

但林寻没有爱上他，甚至因为勉强交往，连最开始对他的一点好感都损耗掉了。

最终林寻选择了结束这段关系。因为她不爱他。

爱情不是婚姻里唯一的要素，但如若没有爱情，婚姻又能走多远呢？

她一直对那个男生心怀愧疚，她耽误了他的时间，也浪费了他的感情。从那之后，林寻再也不勉强不迁就，她说，就再等等好了。等世界变得稍许温柔，或者，等我变得足够坚强。

We begin again. We never give up.（我们再次开始，我们永不放弃）

于是我非常不合时宜地跟着林寻去相了一次亲。

这次的地点金碧辉煌，超五星的酒店咖啡座有小提琴表演，还有室内喷泉几分钟就哗啦一次。

AA 吗？我问。

林寻点点头。

我扯开背包拿出钱包，点算了一下里面到底有几张钞票。林寻说，看你那小气样，我请你。

那就好。我收起东西。干吗约在这么不接地气的地方，麦当劳不是很不错吗。

林寻横我一眼：我会告诉你我这半年相亲的成本已经可以买一部 iPhone 6 plus，还是 128G 的版本吗？

再集满 1 个 iPhone 6 plus 是不是就可以召唤神龙了？

能召唤出对象就行。林寻乐了。乐到一半又收住了笑容，站起来对远处招招手。

我也正襟危坐起来。

一个白衬衫男子坐下来，毫不掩饰地打量起我和林寻。那目光真叫人不爽。

我没好气地白了他一眼，把椅子往后挪了挪。

白衬衫话语婉转，但是中心思想直接：你会做饭吗？你家里给你准备了 50% 的首付吗？你明年可以生孩子吗？你父母会成为累赘吗……

林寻倒是好脾气地一一应对着，我实在懒得听了，堵他一句"嫁给你防辐射吗？"然后翻出手机开始玩"天天爱消除"。

白衬衫被我噎住了，他站起来，留下一句再联络，走了。

我放下手机：他真的会再联络吗？

我觉得不会啊。林寻笑了。反正我也不想和他再联络。

我抬眼看着白衬衫消失，忽然虎躯一震：这家伙没付账啊！一百多块

终于等到你，还好我没有放弃

一杯的咖啡啊！这什么人啊！

上次也是约在这里的那位更夸张,临走的时候还找我报销了来回车费。林寻说。

哈?那你给了?

给了。

然后呢?

然后,就没有然后了。

林寻叹气的同时,我们身后的座位忽然响起一个男生的声音:然后你明明还附赠了一句——祝你平安。

我们霍然回头,是个也穿着白衬衫的男生,算得上眉清目秀,捧着个iPad 正看新闻呢。

我说,喂,你怎么偷听啊?

我恰好听见而已。二号白衬衫一脸坦然,你们的声音自己跑到我耳朵里的。

我看向林寻:你们认识?

林寻摇摇头。

那,要不你们发展一下?我又说。

太饥渴了吧?林寻又摇头。难道路边遇到个男的就扑上去发展?

也是。我说,都不知道他的兴趣爱好婚否,也不知道他是不是心理变态个性扭曲情商缺乏智商下线。不过可以接触下啊,大不了损失一杯咖啡一些时间最多加一点车费,你就当一场新的相亲呗。

别闹。林寻摇头。相亲是件很严肃的事情,只是有些人,太不严肃了。

那是。我振臂。We are all in the gutter, but some of us are looking

at the stars.（我们身处于阴沟中，但仍有人仰望星空）

白衬衫二号终于做作地咳嗽了两声。他略带无奈地说，两位，我还活着，我听着呢。

你可别去相亲，性价比特低。我跟我男人说。

我有媳妇了。我男人说。不过媳妇，你要更新一下对相亲市场的既定印象了，别全面否定相亲的人，也是有硬通货在相亲市场里存在的。我们公司就可多相貌端三观正收入高人靠谱的男生去相亲，毕竟工作和生活里认识朋友的圈子有限，多个途径总能增加机会率。而且你看，还是有林寻这样满怀着真诚的姑娘在给相亲提升价值。他说着说着就 high 起来了，拍我大腿说，要不我给林寻介绍一个？

算了吧，你那群狐朋狗友，跟你差不多的 level，别埋汰我们林寻了。我拒绝。

男人怒发冲冠：你侮辱我？过了一会儿他又自言自语：算了，是我送上门来求着你侮辱的，你就可劲儿侮辱我吧，别去祸害别人了。

我大笑。继而想到林寻曾经说，我就想有个能如你和你男人一般相处的人，在他面前，我不用矫揉造作，不用小心翼翼，不用彼此相敬如宾，也不用下半辈子粉饰太平。

这其实是个特别朴实特别诚恳的希望，不是吗？

我发消息给林寻，说，要不我让我男人给你介绍一个优质的吧？

林寻回复说，好啊，但是我要去支教了。

她向公司拿了三个月的无薪假期，要去深山里给孩子们上三个月的英语课。

终于等到你，还好我没有放弃

你看，这样的好妹子都没有好姻缘，你们男人真是活该找不到好老婆。我对我男人吼。

关我什么事？男人委屈无限了几秒，又抖起来：反正我已经找到好老婆了，我才不管别人死活呢。

可是，我得管林寻，她这么一个懂得爱，懂得生活的姑娘，怎么会没有人爱呢？我希望如她一般的好姑娘都幸福地，光芒万丈地活着。

就算这只是一厢情愿的成年人的童话。

林寻回来的时候，发给我的微信消息里有一张她黑了也瘦了的照片，还有一个邀请——让我带着我男人去审核她男朋友。

我立刻精神抖擞起来，二话不说就拉着我男人奔赴那一杯咖啡顶我全月公交费的圣地而去。

小提琴表演热火朝天的咖啡座里，林寻正和一个男生相谈甚欢。

我男人说，看来这回真的找到正主了。

何以见得？

她的表情就是这个意思。我男人笃定地说，因为你看着我的时候也是这表情，痴迷而崇拜。

我翻了个白眼，坐到了林寻对面，毫不客气地上下打量起她那真命天子。

嗯，长得不错，眉清目秀，笑容也没有猥琐的感觉，白衬衫也干净挺括——等等，白衬衫？

我瞪大眼睛：是你？

白衬衫特别优雅地点点头：是我。

哈？你们真的勾搭上了？我岂不是媒婆？你们结婚得给我包个硕大的

红包谢媒啊！

哪有那么简单就勾搭上的。白衬衫说。不过，这真的就是缘分了。

白衬衫是家中独子，爷爷奶奶外公外婆爹妈姨姑都催着他赶紧加入浩荡的相亲队伍里，成为骨干力量，再找个合适的对象成家生孩子以稳定军心。只是白衬衫一直不同意这种简单粗暴待价而沽的方式。

他亲戚给了他一个联系电话，他压根没打算见面，但是为了给亲戚一个交代，还是打了电话向对方说明自己并不打算相亲，请对方原谅。

接电话的正是林寻，她已经去支教了，深山里信号也不大好，费老劲儿才听明白了男生的意思，她爽快地说了声好，说你也别对相亲有心里阴影，有合适的对象还是去见见，多交个朋友也没问题。然后她说，其实相亲是件很严肃的事情，只是有些人太不严肃了。

白衬衫忽然问：你是那个给人报销相亲的车费还说"祝你平安"的姑娘吗？

于是就勾搭上了？我啧啧，这效率。才三个月时间呢。

白衬衫说，时间的长短没有意义，两个人的频率对没对上，才是关键。

第一个月，男生偶尔打个电话给林寻吐槽一下家里逼婚的压力，林寻也请男生帮忙搜寻和寄出她给孩子们添置的棉被啊课外书啊英语卡片啊各色物品。

第二个月，男生在寄出物品的同时把自己也寄到了林寻支教的地方，和她一起给孩子们上起了课。

第三个月，白衬衫说，林寻，你和我相亲吧，我们严肃地、诚恳地去面对以后。

然后，林寻就再也不用去相亲了。

好吧，相亲果然是件很严肃的事情，只要你能遇到那个和你一样认真的人。

就像爱情，也是件很严肃的事情，只要你终于找到那个，愿意和你一样认真对待的人。

只有这样，你才能从爱情里，从婚姻里，得到应该有的欢愉和踏实。

不管是通过什么途径，不管时间流逝到哪个刻度，只要能够遇见一个会给你温暖、明媚、柔软、自在、诚恳、真心的人，你们愿意彼此相伴，一起向同一个方向发力，彼此支持彼此温暖，那就一定值得用所有的时间、所有的真诚、所有的运气，去交换。

有生之年，终能遇见。

因为，We begin again. We never give up.（我们重新开始，我们永不放弃）

是你让我变得更好。
You make me want to be a better girl.

你是我梦中的女孩，当然我也是你梦中的男孩。
You are the girl of my dream and apparently I'm the one of yours.

一生至少该有一次，为了某个人而忘了自己，不求你爱我。
In your life, there will at least one time
that you forget yourself, asking for no love.

只求在我最美的年华里，遇到你。
Just ask for meeting you in my most beautiful years.